biblio **Poésie** lycée

Pauca meæ
(Livre IV des *Contemplations*)

VICTOR HUGO

Notes, questionnaires et dossier
par Véronique Brémond Bortoli,
agrégée de Lettres classiques,
professeur au CNED.

Sommaire

Écoutez et téléchargez gratuitement
sur notre site www.biblio-hachette.com
les 10 poèmes signalés ici par le logo 🎧,
récités par le comédien Taric Mehani.

1 Avant de lire l'œuvre

2 *Pauca meæ* (texte intégral)

ISBN : 978-2-01-394969-9
Réalisation sonore : Studio Quali'Sons. (P) Audiolib 2017.

3 Dossier Bibliolycée

4 Dossier Spécial bac

Dossier du professeur téléchargeable gratuitement sur :
www.biblio-hachette.com

VICTOR HUGO
(1802-1885)

- Poète, romancier, dramaturge, dessinateur, homme politique, Victor Hugo incarne le romantisme.
- Il est une figure des luttes de la République pour les droits de l'homme et les libertés politiques.
- Avec *Les Contemplations*, *« Mémoires d'une âme »* et interrogation métaphysique sur l'Homme, il renouvelle le genre du lyrisme.

Victor Hugo photographié à Jersey en 1860 par Henry Mullins.

ŒUVRES-CLÉS

- ***Le Dernier Jour d'un condamné*** (1829), roman-plaidoyer contre la peine de mort.
- ***Hernani*** (1830), pièce qui consacre la victoire du drame romantique.
- ***La Légende des siècles*** (1859-1877-1883), vision poétique, historique et métaphysique sur le destin de l'humanité.
- ***Châtiments*** (1853), satire violente contre Napoléon III.
- ***Les Contemplations*** (1856).
- ***Les Misérables*** (1862), grande fresque romanesque dénonçant les injustices sociales.
- ***Quatrevingt-treize*** (1874), sa dernière œuvre romanesque.

Victor Hugo en 10 dates

1822 Publication des *Odes*, premier recueil poétique.

1824 Naissance de sa fille Léopoldine, un an après la mort prématurée de son fils Léopold.

1830 « Bataille *d'Hernani* » qui annonce le triomphe, au théâtre, du drame romantique.

1843 Mort accidentelle de Léopoldine, le 4 septembre.

1848 Est élu député à l'Assemblée constituante.

1852 Jusqu'en 1870, vit en exil à Jersey puis Guernesey après le coup d'État de Louis Napoléon Bonaparte le 2 décembre 1851.

1856 Parution des *Contemplations*.

1870 Revient en France après la chute de Napoléon III et du Second Empire.

1876 Est élu sénateur de la IIIe République.

1885 Décède à Paris le 22 mai et reçoit des obsèques nationales le 1er juin.

FICHE DE LECTURE

LES

CONTEMPLATIONS

PAR

VICTOR HUGO

TOME II

Aujourd'hui

1843 – 1855

PARIS

MICHEL LÉVY | PAGNERRE

MDCCCLVI

Les Contemplations (Livre IV : « *Pauca meæ* »)

Date de publication : avril 1856

Genre : recueil de poésie lyrique

Registre dominant : lyrisme

Courant littéraire : romantisme

Page de titre des *Contemplations* (édition de 1856 en 2 tomes)

PRÉSENTATION

En 1856, alors qu'il est en exil sur l'île de Guernesey, Victor Hugo publie *Les Contemplations*, sorte d'autobiographie poétique qui constitue, avec *La Légende des siècles*, une œuvre importante de cette période féconde. La date de la mort de sa fille Léopoldine (4 septembre 1843) sépare les deux tomes *Autrefois* et *Aujourd'hui* : le livre IV – « *Pauca meæ* » – est centré sur l'expression du deuil et la figure de Léopoldine.

THÈMES TRAITÉS

L'expression du deuil

Dans « *Pauca meæ* », Victor Hugo exprime les différents sentiments qui l'ont habité après la mort de sa fille : révolte, désespoir, nostalgie du bonheur perdu, jusqu'à un certain apaisement à la fin du livre IV.

La méditation sur la mort

Victor Hugo s'interroge sur sa destinée et sur le sens de la mort. Il se révolte d'abord contre un Dieu qu'il ressent comme insensible et cruel, puis parvient à une autre vision de la mort qui lui redonne sens dans un dessein divin plus large. Léopoldine, devenue « *ange* » ou « *étoile* », vit, au-delà de la mort, une sorte d'apothéose, d'accomplissement de sa vie.

POUR COMPRENDRE L'ŒUVRE

L'universalité du lyrisme

Si le lyrisme est d'abord l'expression de sentiments personnels, Victor Hugo lui donne clairement, dès la préface du recueil, une dimension universelle : *« Ma vie est la vôtre »*. C'est au nom de tous les hommes éprouvés que parle le poète ; à travers sa propre expérience, c'est sur le sens de la destinée humaine qu'il s'interroge.

Le rôle du poète

Dans « *Pauca meæ* », Victor Hugo veut conserver la mémoire de Léopoldine, grâce à l'évocation des souvenirs de sa jeunesse heureuse. L'écriture poétique qui magnifie la figure de sa fille est, pour lui, une manière de la garder vivante.

Mais le poète a aussi une vocation de guide ou de prophète pour son lecteur : par la « contemplation », il tente de déchiffrer les mystères de la nature et ceux de l'âme humaine et de donner ainsi accès à une autre réalité.

LES CRITIQUES

« Le ton est si faux (littérairement) qu'on dirait un trafiquant de larmes de ce père, qui a réellement pleuré et qui souille, avec de telles affectations, la sainteté de sa mélancolie. »

Jules Barbey d'Aurevilly, à propos de « *Pauca meæ* »
dans *Le Pays*, 19 juin 1856.

« Le livre des Contemplations*, grave, spirituel, philosophique, rêveur, d'une inspiration complexe, mêle les voix sans nombre de la nature aux douleurs et aux joies humaines. »*

Leconte de Lisle, « Discours de réception à l'Académie française », 1887.

Livre IV

—

~~Larmes~~

Pauca Meæ

—

Manuscrit

—

VICTOR HUGO

Pauca meæ[1]

(Livre IV des *Contemplations*)

Note

1. « *Pauca meæ* » est la citation incomplète d'un vers du poète latin Virgile, dont le sens est volontairement ambigu : littéralement, l'expression signifie « peu de choses pour la mienne », que l'on peut comprendre comme « quelques mots pour ma fille » ; mais ces deux mots peuvent aussi être traduits par « peu de choses de la mienne », c'est-à-dire « le peu de choses qui restent de ma fille ».

Léopoldine enfant, dessinée par sa mère.

Préface des *Contemplations*

Si un auteur pouvait avoir quelque droit d'influer sur la disposition d'esprit des lecteurs qui ouvrent son livre, l'auteur des *Contemplations* se bornerait à dire ceci : ce livre doit être lu comme on lirait le livre d'un mort.

Vingt-cinq années sont dans ces deux volumes. *Grande mortalis ævi spatium*[1]. L'auteur a laissé, pour ainsi dire, ce livre se faire en lui. La vie, en filtrant goutte à goutte à travers les événements et les souffrances, l'a déposé dans son cœur. Ceux qui s'y pencheront retrouveront leur propre image dans cette eau profonde et triste, qui s'est lentement amassée là, au fond d'une âme.

Qu'est-ce que les *Contemplations*? C'est ce qu'on pourrait appeler, si le mot n'avait quelque prétention, les *Mémoires d'une âme*.

Ce sont, en effet, toutes les impressions, tous les souvenirs, toutes les réalités, tous les fantômes vagues, riants ou funèbres, que peut contenir une conscience, revenus et rappelés, rayon à rayon, soupir à soupir, et mêlés dans la même nuée[2] sombre. C'est l'existence humaine sortant de l'énigme du berceau et aboutissant à l'énigme du cercueil; c'est un esprit qui marche de lueur en lueur en laissant derrière lui la jeunesse, l'amour,

Notes

1. ***Grande* [...] *spatium*** : phrase de Tacite (Ier-IIe s. ap. J.-C.) signifiant « Longue durée dans la vie d'un mortel ».

2. **nuée** : nuage.

l'illusion, le combat, le désespoir, et qui s'arrête éperdu « au bord de l'infini ». Cela commence par un sourire, continue par un sanglot, et finit par un bruit du clairon[1] de l'abîme.

Une destinée est écrite là jour à jour.

Est-ce donc la vie d'un homme ? Oui, et la vie des autres hommes aussi. Nul de nous n'a l'honneur d'avoir une vie qui soit à lui. Ma vie est la vôtre, votre vie est la mienne, vous vivez ce que je vis ; la destinée est une. Prenez donc ce miroir, et regardez-vous-y. On se plaint quelquefois des écrivains qui disent moi. Parlez-nous de nous, leur crie-t-on. Hélas ! quand je vous parle de moi, je vous parle de vous. Comment ne le sentez-vous pas ? Ah ! insensé, qui crois que je ne suis pas toi !

Ce livre contient, nous le répétons, autant l'individualité du lecteur que celle de l'auteur. *Homo sum*[2]. Traverser le tumulte[3], la rumeur, le rêve, la lutte, le plaisir, le travail, la douleur, le silence ; se reposer dans le sacrifice, et, là, contempler Dieu ; commencer à Foule et finir à Solitude, n'est-ce pas, les proportions individuelles réservées, l'histoire de tous ?

On ne s'étonnera donc pas de voir, nuance à nuance, ces deux volumes s'assombrir pour arriver, cependant, à l'azur d'une vie meilleure. La joie, cette fleur rapide de la jeunesse, s'effeuille page à page dans le tome premier, qui est l'espérance, et disparaît dans le tome second, qui est le deuil. Quel deuil ? Le vrai, l'unique : la mort ; la perte des êtres chers.

Nous venons de le dire, c'est une âme qui se raconte dans ces deux volumes : *Autrefois, Aujourd'hui*. Un abîme les sépare, le tombeau.

V. H.

Guernesey, mars 1856.

Notes

1. **clairon** : trompette.
2. ***Homo sum*** : extrait d'un vers de Térence (IIe s. av. J.-C.) signifiant « Je suis un homme » et qui se termine ainsi : « et rien de ce qui est humain ne m'est étranger ».
3. **le tumulte** : l'agitation désordonnée.

Pauca meæ

I

Pure Innocence ! Vertu sainte[1] !
Ô les deux sommets d'ici-bas !
Où croissent, sans ombre et sans crainte,
Les deux palmes[2] des deux combats !

Palme du combat Ignorance !
Palme du combat Vérité !
L'âme, à travers sa transparence,
Voit trembler leur double clarté.

Innocence ! Vertu ! sublimes
Même pour l'œil mort du méchant !
On voit dans l'azur ces deux cimes,
L'une au levant, l'autre au couchant.

Notes

1. L'innocence et la vertu apparaissent, dans ce livre, comme caractéristiques de Léopoldine, d'une part, et de son mari Charles Vacquerie, d'autre part. Ces deux termes se trouvent également dans le long poème « *Magnitudo parvi* » (titre latin signifiant « Grandeur du petit ») qui clôt le livre III et précède donc exactement celui-ci.

2. **palmes :** récompenses des gagnants dans les concours sportifs ou artistiques de l'Antiquité.

Elles guident la nef[1] qui sombre ;
L'une est phare, et l'autre est flambeau ;
L'une a le berceau dans son ombre,
L'autre en son ombre a le tombeau.

C'est sous la terre infortunée
Que commence, obscure à nos yeux,
La ligne de la destinée ;
Elles l'achèvent dans les cieux.

Elles montrent, malgré les voiles
Et l'ombre du fatal milieu,
Nos âmes touchant les étoiles
Et la candeur[2] mêlée au bleu.

Elles éclairent les problèmes ;
Elles disent le lendemain ;
Elles sont les blancheurs suprêmes
De tout le sombre gouffre humain.

L'archange[3] effleure de son aile
Ce faîte[4] où Jéhovah[5] s'assied ;
Et sur cette neige éternelle
On voit l'empreinte d'un seul pied.

Notes

1. **la nef** : le bateau.
2. **la candeur** : l'innocence.
3. **archange** : être spirituel placé au-dessus des anges.
4. **faîte** : sommet.
5. **Jéhovah** : un des noms de Dieu dans l'Ancien Testament.

Cette trace qui nous enseigne,
Ce pied blanc, ce pied fait de jour,
Ce pied rose, hélas! car il saigne,
Ce pied nu, c'est le tien, amour!

Janvier 1843[1].

Note

1. *Les Contemplations* sont une autobiographie poétique où Victor Hugo exprime l'évolution de ses sentiments, vus à travers le prisme de la mort de sa fille Léopoldine. Les dates indiquées à la fin de chaque poème ont une vérité psychologique et ne correspondent pas forcément à la date réelle d'écriture. Ce décalage se manifeste dans 6 des 17 poèmes du livre IV, et nous le signalerons à chaque fois. Ici, la date du poème figurant sur le manuscrit est le 22 janvier 1855.

II

15 FÉVRIER 1843[1]

Aime celui qui t'aime, et sois heureuse en lui.
– Adieu ! – sois son trésor, ô toi qui fus le nôtre !
Va, mon enfant béni, d'une famille à l'autre.
Emporte le bonheur et laisse-nous l'ennui !

Ici, l'on te retient ; là-bas, on te désire.
Fille, épouse, ange, enfant, fais ton double devoir.
Donne-nous un regret, donne-leur un espoir,
Sors avec une larme ! entre avec un sourire !

Dans l'église, 15 février 1843.

Note

1. Cette date correspond au mariage de Léopoldine Hugo et Charles Vacquerie.

4 SEPTEMBRE 1843

....[1]

Note

1. Ces points de suspension évoquent la rupture brutale et inexprimable qu'a constituée, pour le poète, la mort de sa fille, le 4 septembre 1843, ainsi que le silence poétique de trois ans qui a suivi.

PISTE 1

III

TROIS ANS APRÈS

Il est temps que je me repose ;
Je suis terrassé par le sort.
Ne me parlez pas d'autre chose
Que des ténèbres où l'on dort !

Que veut-on que je recommence ?
Je ne demande désormais
À la création immense
Qu'un peu de silence et de paix !

Pourquoi m'appelez-vous encore ?
J'ai fait ma tâche et mon devoir.
Qui travaillait avant l'aurore,
Peut s'en aller avant le soir.

À vingt ans, deuil et solitude ![1]
Mes yeux, baissés vers le gazon,
Perdirent la douce habitude
De voir ma mère à la maison.

Elle nous quitta pour la tombe ;
Et vous savez bien qu'aujourd'hui
Je cherche, en cette nuit qui tombe,
Un autre ange[2] qui s'est enfui !

Notes

1. Victor Hugo perd sa mère en 1821, alors qu'il est âgé de 19 ans.

2. Cet « *ange* » désigne Léopoldine.

Vous savez que je désespère,
Que ma force en vain se défend,
Et que je souffre comme père,
Moi qui souffris tant comme enfant !

Mon œuvre n'est pas terminée,
Dites-vous. Comme Adam banni[1],
Je regarde ma destinée,
Et je vois bien que j'ai fini.

L'humble enfant que Dieu m'a ravie
Rien qu'en m'aimant savait m'aider ;
C'était le bonheur de ma vie
De voir ses yeux me regarder.

Si ce Dieu n'a pas voulu clore
L'œuvre qu'il me fit commencer,
S'il veut que je travaille encore,
Il n'avait qu'à me la laisser !

Il n'avait qu'à me laisser vivre
Avec ma fille à mes côtés,
Dans cette extase[2] où je m'enivre
De mystérieuses clartés !

Ces clartés, jour d'une autre sphère[3],
Ô Dieu jaloux, tu nous les vends !
Pourquoi m'as-tu pris la lumière
Que j'avais parmi les vivants ?

Notes

1. Dans la *Genèse*, Adam est le premier homme créé par Dieu, que ce dernier chasse du paradis pour Lui avoir désobéi.
2. **extase** : état où une personne se trouve comme hors d'elle-même, capable d'atteindre des réalités que nos sens ne nous permettent pas de percevoir.
3. **sphère** : monde ; le poète évoque ici le monde spirituel auquel il veut accéder.

As-tu donc pensé, fatal[1] maître,
Qu'à force de te contempler,
Je ne voyais plus ce doux être,
Et qu'il pouvait bien s'en aller !

T'es-tu dit que l'homme, vaine ombre,
Hélas ! perd son humanité
À trop voir cette splendeur sombre
Qu'on appelle la vérité ?

Qu'on peut le frapper sans qu'il souffre,
Que son cœur est mort dans l'ennui,
Et qu'à force de voir le gouffre,
Il n'a plus qu'un abîme en lui ?

Qu'il va, stoïque[2], où tu l'envoies,
Et que désormais, endurci,
N'ayant plus ici-bas de joies,
Il n'a plus de douleurs aussi ?

As-tu pensé qu'une âme tendre
S'ouvre à toi pour se mieux fermer,
Et que ceux qui veulent comprendre
Finissent par ne plus aimer ?

Ô Dieu ! vraiment, as-tu pu croire
Que je préférais, sous les cieux,
L'effrayant rayon de ta gloire
Aux douces lueurs de ses yeux !

Notes

1. **fatal** : qui cause le malheur et la mort.

2. **stoïque** : insensible à la douleur.

Si j'avais su tes lois moroses[1],
Et qu'au même esprit enchanté[2]
Tu ne donnes point ces deux choses,
Le bonheur et la vérité,

Plutôt que de lever tes voiles,
Et de chercher, cœur triste et pur,
À te voir au fond des étoiles,
Ô Dieu sombre d'un monde obscur,

J'eusse aimé mieux, loin de ta face,
Suivre, heureux, un étroit chemin,
Et n'être qu'un homme qui passe
Tenant son enfant par la main !

Maintenant, je veux qu'on me laisse !
J'ai fini ! le sort est vainqueur.
Que vient-on rallumer sans cesse
Dans l'ombre qui m'emplit le cœur ?

Vous qui me parlez, vous me dites
Qu'il faut, rappelant ma raison,
Guider les foules décrépites[3]
Vers les lueurs de l'horizon ;

Qu'à l'heure où les peuples se lèvent
Tout penseur suit un but profond ;
Qu'il se doit à tous ceux qui rêvent,
Qu'il se doit à tous ceux qui vont !

Notes

1. moroses : tristes.
2. enchanté : ensorcelé, fasciné.
3. décrépites : vieillies, fatiguées.

Qu'une âme, qu'un feu pur anime,
Doit hâter, avec sa clarté,
L'épanouissement sublime
De la future humanité ;

Qu'il faut prendre part, cœurs fidèles,
Sans redouter les océans,
Aux fêtes des choses nouvelles,
Aux combats des esprits géants !

Vous voyez des pleurs sur ma joue,
Et vous m'abordez mécontents,
Comme par le bras on secoue
Un homme qui dort trop longtemps.

Mais songez à ce que vous faites !
Hélas ! cet ange au front si beau,
Quand vous m'appelez à vos fêtes,
Peut-être a froid dans son tombeau.

Peut-être, livide[1] et pâlie,
Dit-elle dans son lit étroit :
« Est-ce que mon père m'oublie
Et n'est plus là, que[2] j'ai si froid ? »

Quoi ! lorsqu'à peine je résiste
Aux choses dont je me souviens,
Quand je suis brisé, las et triste,
Quand je l'entends qui me dit : « Viens ! »

Notes

1. **livide** : d'une grande pâleur.

2. **que** : pour que.

Quoi ! vous voulez que je souhaite,
Moi, plié par un coup soudain,
La rumeur qui suit le poëte[1],
Le bruit que fait le paladin[2] !

Vous voulez que j'aspire encore
Aux triomphes doux et dorés !
Que j'annonce aux dormeurs l'aurore !
Que je crie : « Allez ! espérez ! »

Vous voulez que, dans la mêlée,
Je rentre ardent parmi les forts,
Les yeux à la voûte étoilée… –
Oh ! l'herbe épaisse où sont les morts !

Novembre 1846.

Notes

1. **poëte** : ancienne graphie du mot *poète*.

2. **paladin** : chevalier du Moyen Âge ; au sens figuré, personne qui se bat pour des causes justes.

PISTE 2

IV

Oh ! je fus comme fou dans le premier moment,
Hélas ! et je pleurai trois jours amèrement.
Vous tous à qui Dieu prit votre chère espérance,
Pères, mères, dont l'âme a souffert ma souffrance,
Tout ce que j'éprouvais, l'avez-vous éprouvé ?
Je voulais me briser le front sur le pavé ;
Puis je me révoltais, et, par moments, terrible,
Je fixais mes regards sur cette chose horrible,
Et je n'y croyais pas, et je m'écriais : Non !
– Est-ce que Dieu permet de ces malheurs sans nom
Qui font que dans le cœur le désespoir se lève ? –
Il me semblait que tout n'était qu'un affreux rêve,
Qu'elle ne pouvait pas m'avoir ainsi quitté,
Que je l'entendais rire en la chambre à côté,
Que c'était impossible enfin qu'elle fût morte,
Et que j'allais la voir entrer par cette porte !

Oh ! que de fois j'ai dit : Silence ! elle a parlé !
Tenez ! voici le bruit de sa main sur la clé !
Attendez ! elle vient ! laissez-moi, que j'écoute !
Car elle est quelque part dans la maison sans doute !

Jersey, *Marine-Terrace*[1], 4 septembre 1852.

Note

1. Maison située face à la mer, qui abrite la famille Hugo en exil de 1852 à 1855.

Frontispice des *Contemplations*,
aquarelle de Louis Boulanger (1806-1867).

Le lyrisme du deuil

Lecture analytique du poème (p. 24, l. 1 à 20)

Le lyrisme

Apparu dès l'Antiquité, le lyrisme est l'expression poétique de sentiments personnels, heureux ou malheureux. Ici, au début du livre IV, Victor Hugo revient sur les premiers moments de son deuil et rend compte de ses réactions violentes, qui l'ont conduit à la limite de la folie.

Le souvenir brûlant de la souffrance vécue

1. Observez la date du poème, en vous reportant, si nécessaire, au dossier : en quoi cette date est-elle significative ?

2. Quels sont les temps dominants ? Quelle est leur fonction ? À quel moment précis fait allusion le poème ? Montrez que ce poème consiste en un discours rétrospectif*.

*** *Rétrospectif* : désigne la démarche qui consiste, à partir d'un présent donné, à porter un regard sur le passé.**

La ponctuation affective

On appelle « ponctuation affective » toutes les marques de ponctuation qui visent à exprimer des réactions, des sentiments, le Moi profond du locuteur : points d'exclamation et d'interrogation, longueur et rythme de la phrase (marqué par les virgules), interjections (« Oh ! », « Ah ! », « Non ! », « Ciel ! »…), etc.

3. Observez la ponctuation du texte et montrez en quoi elle est particulièrement expressive.

L'expression lyrique de la souffrance

4) Relevez le champ lexical de la souffrance et observez comment certains de ces mots sont mis en valeur par les répétitions et leur place dans le vers.

5) Léopoldine n'est jamais nommée. Relevez les différents termes qui la désignent. Qu'exprime ce choix du poète ?

6) Par quelles expressions la mort est-elle évoquée ? Que veut exprimer Victor Hugo ? Quel effet ces expressions produisent-elles sur le lecteur ?

7) Dans les vers 3 à 5, à qui le poète s'adresse-t-il ? En quoi ce passage renforce-t-il le pathétique* ?

*** *Pathétique* : registre ou tonalité suscitant la pitié ou la compassion du destinataire.**

Le poète entre révolte et folie

8) Relevez le champ lexical de la révolte. Comment Victor Hugo rend-il compte de son refus de croire à la mort de sa fille, dans les moments qui ont suivi sa disparition ?

9) Observez la structure du texte : la disposition des vers, les irruptions du discours direct, la succession des phrases et des différents sentiments. Y a-t-il une progression logique ? En quoi cette structure peut-elle exprimer la folie qui s'est emparée du poète ?

10) Dans quels passages l'hallucination du poète se manifeste-t-elle ? Par quels procédés littéraires s'exprime-t-elle : vocabulaire, temps, énonciation* ?

11) En vous appuyant sur vos réponses à ce questionnaire, rédigez un commentaire organisé montrant en quoi ce texte vous paraît particulièrement émouvant.

*** *Énonciation* : façon dont le locuteur produit son énoncé (choix des pronoms, des temps et des modes, des marques de jugement ; relation avec son destinataire).**

PISTE 3

V

Elle avait pris ce pli[1] dans son âge enfantin
De venir dans ma chambre un peu chaque matin;
Je l'attendais ainsi qu'un rayon qu'on espère;
Elle entrait et disait : «Bonjour, mon petit père»;
Prenait ma plume, ouvrait mes livres, s'asseyait
Sur mon lit, dérangeait mes papiers, et riait,
Puis soudain s'en allait comme un oiseau qui passe.
Alors, je reprenais, la tête un peu moins lasse,
Mon œuvre interrompue, et, tout en écrivant,
Parmi mes manuscrits je rencontrais souvent
Quelque arabesque[2] folle et qu'elle avait tracée,
Et mainte page blanche entre ses mains froissée
Où, je ne sais comment, venaient mes plus doux vers.
Elle aimait Dieu, les fleurs, les astres, les prés verts,
Et c'était un esprit avant d'être une femme.
Son regard reflétait la clarté de son âme.
Elle me consultait sur tout à tous moments.
Oh! que de soirs d'hiver radieux et charmants,
Passés à raisonner langue, histoire et grammaire,
Mes quatre enfants[3] groupés sur mes genoux, leur mère
Tout près, quelques amis causant au coin du feu!
J'appelais cette vie être content de peu!
Et dire qu'elle est morte! hélas! que Dieu m'assiste!
Je n'étais jamais gai quand je la sentais triste;
J'étais morne[4] au milieu du bal le plus joyeux
Si j'avais, en partant, vu quelque ombre en ses yeux.

Novembre 1846, jour des Morts[5].

Notes

1. **ce pli** : cette habitude.
2. **arabesque** : dessin fantaisiste.
3. Les quatre enfants de Hugo se prénomment Léopoldine, Adèle, Charles et François-Victor.
4. **morne** : abattu, triste.
5. Dans la tradition catholique, on honore les morts le 1er novembre.

Souvenirs et écriture poétique

Lecture analytique du poème (p. 28, l. 1 à 26)

Le souvenir de Léopoldine

1. Quel est le temps dominant de ce poème? Quelles valeurs a-t-il?

2. Relevez les détails de lieux et de temps : quelle atmosphère évoquent-ils?

3. Relevez les mots et expressions qui se rapportent à Léopoldine : quel portrait tracent-ils de la jeune fille?

Le rythme des vers

Le rythme d'un vers dépend des coupes (césure à l'hémistiche ou ailleurs, rejet…), de la ponctuation, de la place des accents toniques (leur nombre, leur régularité…). Comme pour une phrase musicale dans une mélodie, on « entend » alors si le rythme est régulier, harmonieux, saccadé ou brutal, et on étudie l'effet produit sur le lecteur.

4. Observez le rythme des vers 4 à 7 : quelle image ces vers donnent-ils de Léopoldine?

Les liens entre le père et sa fille

5. En observant le champ lexical dominant dans les vers 5 à 13, étudiez quel rôle particulier joue la fille auprès de son père.

6. Dans les vers 24 à 26, étudiez le jeu des pronoms personnels et des parallélismes* et montrez comment s'expriment les liens entre le père et sa fille.

* ***Parallélismes :*** **figures de style qui consistent à rapprocher des objets, des êtres, des idées, etc. par la répétition d'une structure syntaxique ou rythmique semblable ou très proche.**

7) Relevez deux autres vers qui évoquent, de façon forte, l'union entre les deux personnages et commentez les procédés littéraires qui l'expriment.

8) L'image de Léopoldine présentée dans ce poème est-elle la même que celle que l'on trouve dans le dessin *Fracta juventus* ?

Cf. document 1.

L'élégie

À l'origine, l'élégie est un poème antique accompagné à la flûte, qui se caractérisait par sa forme (composé en distiques, strophes de 2 vers) et pouvait exprimer toutes sortes de sentiments (en particulier, le deuil). Ce sont les poètes latins du Ier s. av. J.-C. qui ont consacré cette forme poétique à l'expression de la plainte amoureuse ou funèbre, du regret, de la nostalgie, et ont influencé les poètes de la Renaissance.
Le registre (ou tonalité) élégiaque se caractérise par :
– un vocabulaire de l'émotion mélancolique ;
– une ponctuation affective (*cf.* p. 26) ;
– une recherche de l'harmonie dans le rythme ou les sonorités.

Le lyrisme du deuil

9) Observez attentivement les temps des verbes conjugués : à quel moment l'expression du deuil fait-elle irruption dans le poème ? comment se marque cette rupture ? comment est-elle rendue émouvante ?

10) En quoi ce poème est-il « élégiaque » ?

11) Quels sont les expressions ou les vers qui, par l'écriture rétrospective*, peuvent être compris comme des pressentiments de la mort de Léopoldine et du malheur présent ?

*** *Rétrospective* : qualifie la démarche qui consiste, à partir d'un présent donné, à porter un regard sur le passé.**

12) En vous appuyant sur vos réponses à ce questionnaire, rédigez un commentaire organisé montrant par quels moyens le poète tente de redonner vie à sa fille dans ce poème.

PISTE 4

VI

Quand nous habitions tous ensemble
Sur nos collines d'autrefois[1],
Où l'eau court, où le buisson tremble,
Dans la maison qui touche aux bois,

Elle avait dix ans, et moi trente ;
J'étais pour elle l'univers.
Oh ! comme l'herbe est odorante
Sous les arbres profonds et verts !

Elle faisait mon sort prospère[2],
Mon travail léger, mon ciel bleu.
Lorsqu'elle me disait : Mon père,
Tout mon cœur s'écriait : Mon Dieu !

À travers mes songes sans nombre,
J'écoutais son parler joyeux,
Et mon front s'éclairait dans l'ombre
À la lumière de ses yeux.

Elle avait l'air d'une princesse
Quand je la tenais par la main ;
Elle cherchait des fleurs sans cesse
Et des pauvres dans le chemin.

Elle donnait comme on dérobe,
En se cachant aux yeux de tous.
Oh ! la belle petite robe
Qu'elle avait, vous rappelez-vous ?

Notes

1. Il s'agit du château des Roches, à Bièvres, dans l'Essonne, où Victor Hugo séjourna avec sa famille en 1834 et 1835.

2. **prospère** : heureux.

Le soir, auprès de ma bougie,
Elle jasait[1] à petit bruit,
Tandis qu'à la vitre rougie
Heurtaient les papillons de nuit.

Les anges se miraient[2] en elle.
Que son bonjour était charmant !
Le ciel mettait dans sa prunelle[3]
Ce regard qui jamais ne ment.

Oh ! je l'avais, si jeune encore,
Vue apparaître en mon destin !
C'était l'enfant de mon aurore,
Et mon étoile du matin !

Quand la lune claire et sereine
Brillait aux cieux, dans ces beaux mois,
Comme nous allions dans la plaine !
Comme nous courions dans les bois !

Puis, vers la lumière isolée
Étoilant[4] le logis obscur,
Nous revenions par la vallée
En tournant le coin du vieux mur ;

Nous revenions, cœurs pleins de flamme,
En parlant des splendeurs du ciel.
Je composais cette jeune âme
Comme l'abeille fait son miel.

Notes

1. **jasait** : bavardait.
2. **se miraient** : se regardaient comme dans un miroir.
3. **sa prunelle** : son œil.
4. **Étoilant** : éclairant comme une étoile.

Doux ange aux candides pensées,
Elle était gaie en arrivant… –
Toutes ces choses sont passées
Comme l'ombre et comme le vent !

Villequier, 4 septembre 1844[1].

Note

1. Villequier est la commune au bord de la Seine où les Vacquerie avaient une maison. C'est là que Léopoldine s'est noyée et qu'elle est enterrée. Ce poème, daté ici du premier anniversaire, est noté sur le manuscrit du 16 octobre 1846.

Léopoldine Hugo en 1843,
dessinée à la mine de plomb par sa mère.

VII

Elle était pâle, et pourtant rose,
Petite avec de grands cheveux.
Elle disait souvent : « Je n'ose »,
Et ne disait jamais : « Je veux ».

Le soir, elle prenait ma Bible
Pour y faire épeler sa sœur,
Et, comme une lampe paisible,
Elle éclairait ce jeune cœur.

Sur le Saint Livre que j'admire,
Leurs yeux purs venaient se fixer ;
Livre où l'une apprenait à lire,
Où l'autre apprenait à penser !

Sur l'enfant, qui n'eût pas lu seule,
Elle penchait son front charmant,
Et l'on aurait dit une aïeule[1]
Tant elle parlait doucement !

Elle lui disait : « Sois bien sage ! »
Sans jamais nommer le Démon ;
Leurs mains erraient de page en page
Sur Moïse et sur Salomon[2],

Notes

1. **aïeule** : grand-mère.

2. Moïse et Salomon sont deux personnages de l'Ancien Testament.

Sur Cyrus[1] qui vint de la Perse,
Sur Moloch[2] et Léviathan[3],
Sur l'enfer que Jésus traverse,
Sur l'Éden[4] où rampe Satan !

Moi, j'écoutais… – Ô joie immense
De voir la sœur près de la sœur !
Mes yeux s'enivraient en silence
De cette ineffable[5] douceur.

Et dans la chambre humble et déserte
Où nous sentions, cachés tous trois,
Entrer par la fenêtre ouverte
Les souffles des nuits et des bois,

Tandis que, dans le texte auguste[6],
Leurs cœurs, lisant avec ferveur,
Puisaient le beau, le vrai, le juste,
Il me semblait, à moi, rêveur,

Notes

1. Cyrus II le Grand (VIe s. av. J.-C.) est le fondateur de l'Empire perse. S'étant emparé de Babylone, il permit aux Juifs qui s'y trouvaient retenus en captivité depuis la prise de Jérusalem de rentrer dans leur pays. Ces faits sont évoqués dans certains livres de la Bible (livres de Jérémie, d'Isaïe, d'Esdras…).
2. Moloch est, dans la Bible, le dieu d'une nation païenne, particulièrement cruel puisqu'on lui sacrifiait des enfants. Il en vient à représenter une figure du Démon.
3. Le Léviathan est un monstre marin dans la Bible.
4. **Éden** : autre nom du paradis terrestre dans la *Genèse* ; c'est là que le Démon, sous la forme d'un serpent, pousse Adam et Ève à désobéir à Dieu.
5. **ineffable** : qu'on ne peut pas décrire.
6. **auguste** : digne de vénération, de respect.

Entendre chanter des louanges
Autour de nous, comme au Saint Lieu,
Et voir sous les doigts de ces anges
Tressaillir le livre de Dieu !

Octobre 1846.

VIII

À qui donc sommes-nous ? Qui nous a ? Qui nous mène ?
Vautour[1] fatalité, tiens-tu la race humaine ?
Oh ! parlez, cieux vermeils[2],
L'âme sans fond tient-elle aux étoiles sans nombre ?
Chaque rayon d'en haut est-il un fil de l'ombre
Liant l'homme aux soleils ?

Est-ce qu'en nos esprits, que l'ombre a pour repaires,
Nous allons voir rentrer les songes de nos pères ?
Destin, lugubre assaut !
Ô vivants, serions-nous l'objet d'une dispute ?
L'un veut-il notre gloire, et l'autre notre chute ?
Combien sont-ils là-haut ?

Jadis, au fond du ciel, aux yeux du mage[3] sombre,
Deux joueurs effrayants apparaissaient dans l'ombre.
Qui craindre ? Qui prier ?
Les Manès[4] frissonnants, les pâles Zoroastres[5]
Voyaient deux grandes mains qui déplaçaient les astres
Sur le noir échiquier.

Notes

1. **Vautour** : oiseau de proie, particulièrement lié à la mort puisqu'il se nourrit principalement de cadavres d'animaux.
2. **vermeils** : brillants, éclatants, comme le vermeil (métal aux reflets rouge et doré).
3. **mage** : à l'origine, membre de la caste des prêtres chez les Perses (aussi appelés « Mèdes ») ; puis magicien, voyant, qui pratique les sciences occultes ; par extension, personne visionnaire, qui a une connaissance des choses cachées.
4. Manès ou Mani, philosophe perse du IIIe siècle de notre ère, est le fondateur du manichéisme ; selon cette doctrine, le monde et l'homme sont divisés en deux principes distincts et opposés : le Bien et le Mal.
5. Zoroastre ou Zarathoustra est un sage ou mage perse né avant Jésus-Christ, mais à des dates controversées. Il est le fondateur du zoroastrisme, qui s'appuie aussi sur un fort dualisme entre le Bien et le Mal.

Songe horrible ! le Bien, le Mal, de cette voûte
Pendent-ils sur nos fronts ? Dieu, tire-moi du doute !
Ô sphinx[1], dis-moi le mot !
Cet affreux rêve pèse à nos yeux qui sommeillent,
Noirs vivants ! Heureux ceux qui tout à coup s'éveillent
Et meurent en sursaut !

Villequier, 4 septembre 1845[2].

Notes

1. **sphinx** : animal fabuleux de la mythologie grecque, qui posa une énigme à Œdipe ; par extension, personne qui détient un savoir mystérieux et refuse de livrer son secret.

2. Le poème, dans le manuscrit, est daté du 25 avril 1854.

PISTE 5

IX

Ô souvenirs ! printemps ! aurore !
Doux rayon triste et réchauffant !
– Lorsqu'elle était petite encore,
Que sa sœur était tout enfant… –

Connaissez-vous sur la colline
Qui joint Montlignon à Saint-Leu[1],
Une terrasse qui s'incline
Entre un bois sombre et le ciel bleu ?

C'est là que nous vivions. – Pénètre,
Mon cœur, dans ce passé charmant ! –
Je l'entendais sous ma fenêtre
Jouer le matin doucement.

Elle courait dans la rosée,
Sans bruit, de peur de m'éveiller ;
Moi, je n'ouvrais pas ma croisée[2],
De peur de la faire envoler.

Ses frères riaient… – Aube pure !
Tout chantait sous ces frais berceaux[3],
Ma famille avec la nature,
Mes enfants avec les oiseaux ! –

Notes

1. La famille Hugo, entre 1840 et 1842, avait une maison, appelée *La Terrasse*, à Saint-Prix dans le Val-d'Oise, près de la forêt de Montmorency.

2. **croisée** : fenêtre.

3. **berceaux** : ici, branches des arbres.

Je toussais, on devenait brave ;
Elle montait à petits pas,
Et me disait d'un air très-grave[1] :
« J'ai laissé les enfants en bas. »

Qu'elle fût bien ou mal coiffée,
Que mon cœur fût triste ou joyeux,
Je l'admirais. C'était ma fée,
Et le doux astre de mes yeux !

Nous jouions toute la journée.
Ô jeux charmants ! chers entretiens[2] !
Le soir, comme elle était l'aînée,
Elle me disait : « Père, viens !

Nous allons t'apporter ta chaise,
Conte-nous une histoire, dis ! » –
Et je voyais rayonner d'aise
Tous ces regards du paradis.

Alors, prodiguant[3] les carnages,
J'inventais un conte profond
Dont je trouvais les personnages
Parmi les ombres du plafond.

Toujours, ces quatre douces têtes
Riaient, comme à cet âge on rit,
De voir d'affreux géants très-bêtes
Vaincus par des nains pleins d'esprit.

Notes

1. Au XIXe siècle, on écrivait généralement le superlatif avec un trait d'union.

2. **entretiens** : conversations.

3. **prodiguant** : répandant.

J'étais l'Arioste[1] et l'Homère[2]
D'un poëme éclos d'un seul jet ;
Pendant que je parlais, leur mère
Les regardait rire, et songeait.

Leur aïeul[3], qui lisait dans l'ombre,
Sur eux parfois levait les yeux,
Et, moi, par la fenêtre sombre
J'entrevoyais un coin des cieux !

Villequier, 4 septembre 1846.

Notes

1. L'Arioste est un poète italien de la Renaissance, auteur d'un grand poème épique : *Roland furieux* (1516-1532).

2. Homère est un poète grec du VIIIe s. av. J.-C., auquel on attribue l'*Iliade* et l'*Odyssée*.

3. **aïeul** : grand-père.

X

Pendant que le marin, qui calcule et qui doute,
Demande son chemin aux constellations ;
Pendant que le berger, l'œil plein de visions,
Cherche au milieu des bois son étoile et sa route ;
Pendant que l'astronome, inondé de rayons,

Pèse un globe à travers des millions de lieues[1],
Moi, je cherche autre chose en ce ciel vaste et pur.
Mais que ce saphir[2] sombre est un abîme obscur !
On ne peut distinguer, la nuit, les robes bleues
Des anges frissonnants qui glissent dans l'azur.

Avril 1847.

Notes

1. La lieue est une mesure de distance, qui équivaut à 4,5 km environ.

2. **saphir** : pierre précieuse généralement de couleur bleue, claire ou foncée.

XI

On vit, on parle, on a le ciel et les nuages
Sur la tête ; on se plaît aux livres des vieux sages ;
On lit Virgile[1] et Dante[2] ; on va joyeusement
En voiture publique à quelque endroit charmant,
En riant aux éclats de l'auberge et du gîte ;
Le regard d'une femme en passant vous agite ;
On aime, on est aimé, bonheur qui manque aux rois !
On écoute le chant des oiseaux dans les bois ;
Le matin, on s'éveille, et toute une famille
Vous embrasse, une mère, une sœur, une fille !
On déjeune en lisant son journal. Tout le jour
On mêle à sa pensée espoir, travail, amour ;
La vie arrive avec ses passions troublées ;
On jette sa parole aux sombres assemblées ;
Devant le but qu'on veut et le sort qui vous prend,
On se sent faible et fort, on est petit et grand ;
On est flot dans la foule, âme dans la tempête ;
Tout vient et passe ; on est en deuil, on est en fête ;
On arrive, on recule, on lutte avec effort… –
Puis, le vaste et profond silence de la mort !

11 juillet 1846[3], en revenant du cimetière.

Notes

1. Virgile est un poète latin du Ier s. av. J.-C., auteur de l'*Énéide*.
2. Dante Alighieri est un poète italien de la fin du XIIIe siècle et du début du XIVe, auteur de *La Divine Comédie*, long poème à la fois épique, lyrique et politique, évoquant la descente du poète, escorté par Virgile, dans les différents cercles de l'enfer et du paradis.
3. Cette date correspond à l'enterrement de Claire Pradier, fille de Juliette Drouet, maîtresse de Victor Hugo.

XII

À QUOI SONGEAIENT
LES DEUX CAVALIERS DANS LA FORÊT[1]

La nuit était fort noire et la forêt très-sombre.
Hermann à mes côtés me paraissait une ombre.
Nos chevaux galopaient. À la garde de Dieu !
Les nuages du ciel ressemblaient à des marbres.
Les étoiles volaient dans les branches des arbres
Comme un essaim[2] d'oiseaux de feu.

Je suis plein de regrets. Brisé par la souffrance,
L'esprit profond d'Hermann est vide d'espérance.
Je suis plein de regrets. Ô mes amours, dormez !
Or, tout en traversant ces solitudes vertes,
Hermann me dit : « Je songe aux tombes entr'ouvertes ; »
Et je lui dis : « Je pense aux tombeaux refermés. »

Lui regarde en avant : je regarde en arrière.
Nos chevaux galopaient à travers la clairière ;
Le vent nous apportait de lointains angélus[3] ;
Il dit : « Je songe à ceux que l'existence afflige,
À ceux qui sont, à ceux qui vivent. – Moi, lui dis-je,
Je pense à ceux qui ne sont plus ! »

Notes

1. Ce poème, dans le manuscrit, est daté du 11 octobre 1841 : Hugo venait de faire un voyage sur le Rhin – d'où le prénom germanique d'*« Hermann »*, personnage qui représente peut-être un double du poète, écartelé entre le désespoir et l'espérance.

2. **essaim** : groupe d'abeilles (ou d'insectes, ou de petits oiseaux) volant ensemble.

3. **angélus** : sonnerie de cloches qui, dans l'Église catholique, appelle trois fois par jour à réciter une prière à la Vierge.

Les fontaines chantaient. Que disaient les fontaines ?
Les chênes murmuraient. Que murmuraient les chênes ?
Les buissons chuchotaient comme d'anciens amis.
Hermann me dit : « Jamais les vivants ne sommeillent.
En ce moment, des yeux pleurent, d'autres yeux veillent. »
Et je lui dis : « Hélas ! d'autres sont endormis ! »

Hermann reprit alors : « Le malheur, c'est la vie.
Les morts ne souffrent plus. Ils sont heureux ! J'envie
Leur fosse où l'herbe pousse, où s'effeuillent les bois.
Car la nuit les caresse avec ses douces flammes ;
Car le ciel rayonnant calme toutes les âmes
Dans tous les tombeaux à la fois ! »

Et je lui dis : « Tais-toi ! respect au noir mystère !
Les morts gisent couchés sous nos pieds dans la terre.
Les morts, ce sont les cœurs qui t'aimaient autrefois !
C'est ton ange expiré[1] ! c'est ton père et ta mère !
Ne les attristons point par l'ironie amère.
Comme à travers un rêve ils entendent nos voix. »

Octobre 1853.

Note

1. Sans doute une allusion au premier enfant de Victor Hugo, Léopold, mort à l'âge de 3 mois, en 1823.

PISTE 6

XIII

VENI, VIDI, VIXI[1]

J'ai bien assez vécu, puisque dans mes douleurs
Je marche, sans trouver de bras qui me secourent,
Puisque je ris à peine aux enfants qui m'entourent,
Puisque je ne suis plus réjoui par les fleurs ;

Puisqu'au printemps, quand Dieu met la nature en fête,
J'assiste, esprit sans joie, à ce splendide amour ;
Puisque je suis à l'heure où l'homme fuit le jour,
Hélas ! et sent de tout la tristesse secrète ;

Puisque l'espoir serein dans mon âme est vaincu ;
Puisqu'en cette saison des parfums et des roses,
Ô ma fille ! j'aspire à l'ombre où tu reposes,
Puisque mon cœur est mort, j'ai bien assez vécu.

Je n'ai pas refusé ma tâche sur la terre.
Mon sillon ? Le voilà. Ma gerbe ? La voici.
J'ai vécu souriant, toujours plus adouci,
Debout, mais incliné du côté du mystère.

J'ai fait ce que j'ai pu ; j'ai servi, j'ai veillé,
Et j'ai vu bien souvent qu'on riait de ma peine.
Je me suis étonné d'être un objet de haine,
Ayant beaucoup souffert et beaucoup travaillé.

Note

1. « *Je suis venu, j'ai vu, j'ai vécu* » est une reprise désenchantée de la phrase de Jules César « *Veni, vidi, vici* » : « *Je suis venu, j'ai vu, j'ai vaincu.* »

Dans ce bagne terrestre où ne s'ouvre aucune aile,
Sans me plaindre, saignant, et tombant sur les mains,
Morne[1], épuisé, raillé par les forçats[2] humains,
J'ai porté mon chaînon de la chaîne éternelle.

Maintenant, mon regard ne s'ouvre qu'à demi;
Je ne me tourne plus même quand on me nomme;
Je suis plein de stupeur et d'ennui[3], comme un homme
Qui se lève avant l'aube et qui n'a pas dormi.

Je ne daigne plus même, en ma sombre paresse,
Répondre à l'envieux dont la bouche me nuit.
Ô Seigneur! ouvrez-moi les portes de la nuit
Afin que je m'en aille et que je disparaisse!

Avril 1848.

Notes

1. **morne** : triste, abattu.
2. **forçats** : criminels condamnés aux travaux forcés dans un bagne.
3. Ces deux mots ont ici leur sens étymologique : la stupeur désigne un état d'engourdissement et d'indifférence, et l'ennui l'abattement causé par une profonde souffrance.

Le bilan d'une vie

Lecture analytique du poème (p. 47, l. 1, à p. 48, l. 32)

UN POÈME EN FORME DE BILAN

1. Relevez les expressions qui font référence au titre du poème, de manière directe ou indirecte. Font-elles écho ou s'opposent-elles à la phrase originelle de César *« Je suis venu, j'ai vu, j'ai vaincu »* ?

2. Étudiez la structure syntaxique* des trois premières strophes (v. 1 à 12), qui ne forment qu'une seule phrase : quelles figures de style remarquez-vous dans l'organisation de la phrase ? quels sentiments mettent-elles en valeur ?

*** *Structure syntaxique* : organisation de la phrase en propositions (principale, subordonnée[s]...).**

Valeurs et fonctions du passé composé

Le passé composé a différentes valeurs et fonctions en français :
- Il exprime l'antériorité par rapport au présent : « Il réussit parce qu'il a beaucoup travaillé. »
- Il insiste sur le fait qu'une action est achevée mais peut avoir des conséquences dans le présent : « j'ai vécu » = « j'ai fini de vivre », donc « je suis mort » ; « j'ai acquis quelque chose », donc « je le possède ».
- Il peut prendre une valeur de vérité générale : « L'homme a toujours voulu comprendre les mystères de la nature. »

3. En vous appuyant sur les temps employés, les répétitions ou les adverbes de temps, dégagez les trois parties du poème et commentez le sens de cette progression.

Images du poète

4. Dans les trois premières strophes (v. 1 à 12), à quoi le poète se montrait-il sensible avant que le deuil le frappe ? Quel portrait psychologique donne-t-il de lui-même ?

5. Dans les strophes 4 à 6 (v. 13 à 24), relevez les verbes d'action dont le poète est le sujet : quelles tâches pense-t-il avoir accomplies en tant qu'homme et en tant que poète ?

6. Comparez la photo de Victor Hugo face à la mer et le tableau de Friedrich : construction de l'espace, place du personnage... En quoi ces deux documents visuels peuvent-ils refléter la conception du poète exprimée dans ce poème ?

Cf. doc. 2 et p. 128.

7. Quels mots ou images évoquent, par connotation*, le travail du poète (v. 13 à 24) ? Expliquez-en le sens et la symbolique.

*** *Connotation* : valeur symbolique (culturelle, subjective...) qui se rajoute au sens propre (la dénotation) d'un mot. Par exemple, la lune évoque la nuit, le mystère, la magie, le monde féminin...**

8. Dans les mêmes strophes (v. 13 à 24), de quoi le poète se plaint-il ?

La tentation du désespoir

9. Relevez les oppositions dans les trois premières strophes (v. 1 à 12) : que nous disent-elles de l'état d'esprit du poète ?

10. Dans les deux dernières strophes (v. 25 à 32), relevez les attitudes du poète qui s'opposent à celles qu'il évoquait dans les strophes 4 à 6 (v. 13 à 24).

11. Repérez, dans le texte, une métaphore* filée exprimant une vision pessimiste de l'existence humaine. Relevez tous les termes qui la constituent, puis commentez l'effet produit.

*** *Métaphore* : rapprochement entre deux réalités qui n'utilise pas de terme de comparaison. La métaphore filée se prolonge en s'appuyant sur plusieurs termes du même champ lexical.**

Le destinataire

Le destinataire est la personne, réelle ou fictive, à qui s'adresse directement le locuteur (celui qui dit « je » dans un texte). Elle est désignée par la 2e personne du singulier ou du pluriel.

12. Qui sont les deux destinataires du poème, auxquels Victor Hugo s'adresse directement ? Commentez ce choix.

13. En vous appuyant sur vos réponses à ce questionnaire, rédigez un commentaire organisé montrant quel regard porte le poète sur sa vie passée et son présent.

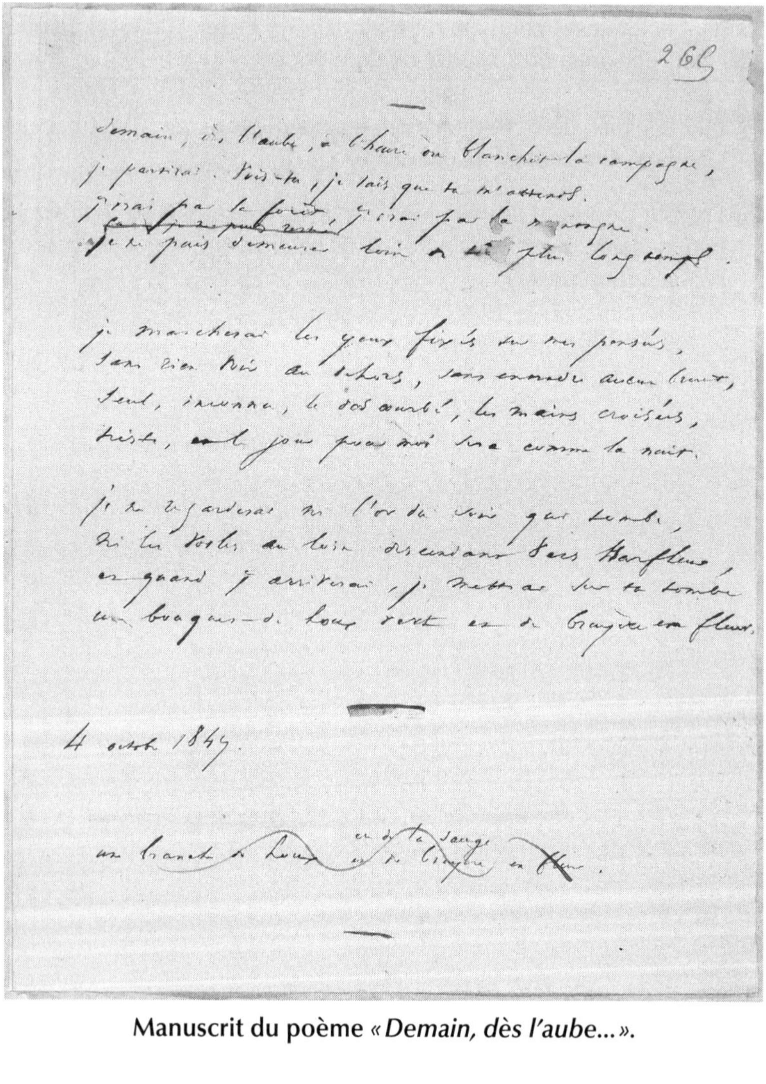
266

demain, dès l'aube, à l'heure où blanchit la campagne,
je partirai. Vois-tu, je sais que tu m'attends.
j'irai par la forêt, j'irai par la montagne.
je ne puis demeurer loin de toi plus longtemps.

je marcherai les yeux fixés sur mes pensées,
sans rien voir au dehors, sans entendre aucun bruit,
seul, inconnu, le dos courbé, les mains croisées,
triste, et le jour pour moi sera comme la nuit.

je ne regarderai ni l'or du soir qui tombe,
ni les voiles au loin descendant vers Harfleur,
et quand j'arriverai, je mettrai sur ta tombe
un bouquet de houx vert et de bruyère en fleur.

4 octob. 1847.

un branche de houx et de la sauge et de bruyère en fleur.

Manuscrit du poème *«Demain, dès l'aube…»*.

PISTE 7

XIV

Demain, dès l'aube, à l'heure où blanchit la campagne,
Je partirai. Vois-tu, je sais que tu m'attends.
J'irai par la forêt, j'irai par la montagne.
Je ne puis demeurer loin de toi plus longtemps.

Je marcherai les yeux fixés sur mes pensées,
Sans rien voir au-dehors, sans entendre aucun bruit,
Seul, inconnu, le dos courbé, les mains croisées,
Triste, et le jour pour moi sera comme la nuit.

Je ne regarderai ni l'or du soir qui tombe,
Ni les voiles au loin descendant vers Harfleur[1],
Et, quand j'arriverai, je mettrai sur ta tombe[2]
Un bouquet de houx vert et de bruyère en fleur.

3 septembre 1847[3].

Notes

1. **Harfleur** : ville située près du Havre.
2. La tombe de Léopoldine se trouve au cimetière de Villequier, à une trentaine de kilomètres du Havre.
3. Il s'agit de la veille de la date anniversaire de la mort de Léopoldine. La date indiquée dans le manuscrit est le 4 octobre 1847.

Un pèlerinage amoureux ?

Lecture analytique du poème (p. 53, l. 1 à 12)

Un poème d'amour ?

1. Observez la fréquence et la place respectives des pronoms personnels de 1re et 2e personnes du singulier dans le poème. Comment s'expriment les liens entre les deux personnes ?

2. À quel moment du texte comprend-on l'identité du destinataire ? Montrez que cette compréhension oblige à relire le poème et à l'interpréter différemment.

La forme d'un poème

Pour bien étudier un poème, il faut non seulement en interpréter le sens, mais aussi observer attentivement sa forme :
– la disposition en strophes ;
– le type de vers employés (alexandrins, octosyllabes, etc., ou vers libres) ;
– le système de rimes (plates, croisées, embrassées, etc.).

3. Observez la forme du texte, le vocabulaire choisi : comment qualifier le lyrisme de Victor Hugo dans ce poème ? quels moyens emploie-t-il pour émouvoir le lecteur ?

Un voyage réel et symbolique

4. En étudiant en particulier les temps et les verbes choisis, montrez comment s'exprime la détermination du poète.

5. Relevez les précisions de temps et montrez la progression temporelle du poème.

6. Quel itinéraire du poète les indications de lieu nous permettent-elles d'établir ? Quelle impression est produite sur le lecteur ?

Le rythme de l'alexandrin

L'alexandrin est un vers de 12 syllabes, composé classiquement de 2 hémistiches, moitiés égales du vers coupées par une césure. On peut trouver aussi une coupe en 3 parties (trimètre) de 4 syllabes chacune. Les romantiques ont beaucoup assoupli le rythme de l'alexandrin, notamment avec les rejets, et l'ont rendu ainsi particulièrement expressif.

7. Montrez que le rythme de certains alexandrins suggère la cadence de la marche.

Entre la mort et la vie

8. Dans la strophe 2 (v. 5 à 8), quelles attitudes du poète sont décrites? Que révèlent-elles de son état d'esprit?

9. Dans les strophes 2 et 3 (v. 5 à 12), par quels procédés littéraires s'exprime sa fermeture au monde extérieur? Que révèle cette attitude?

10. Quel sens symbolique peut-on donner à l'image florale du dernier vers? Que montre-t-il de l'intention de Victor Hugo en écrivant ce poème?

11. Montrez par quels procédés le dessin *Fracta juventus* exprime la même intention.

12. En vous appuyant sur vos réponses à ce questionnaire, rédigez un commentaire organisé expliquant soit ce qui rend ce poème si émouvant pour le lecteur, soit les raisons de sa célébrité.

Cf. document 1.

PISTE 8

XV

À VILLEQUIER

Maintenant que Paris, ses pavés et ses marbres,
Et sa brume et ses toits sont bien loin de mes yeux;
Maintenant que je suis sous les branches des arbres,
Et que je puis songer à la beauté des cieux;

Maintenant que du deuil qui m'a fait l'âme obscure
Je sors, pâle et vainqueur,
Et que je sens la paix de la grande nature
Qui m'entre dans le cœur;

Maintenant que je puis, assis au bord des ondes,
Ému par ce superbe et tranquille horizon,
Examiner en moi les vérités profondes
Et regarder les fleurs qui sont dans le gazon;

Maintenant, ô mon Dieu! que j'ai ce calme sombre
De pouvoir désormais
Voir de mes yeux la pierre où je sais que dans l'ombre
Elle dort pour jamais[1];

Maintenant qu'attendri par ces divins spectacles,
Plaines, forêts, rochers, vallons, fleuve argenté,
Voyant ma petitesse et voyant vos miracles,
Je reprends ma raison devant l'immensité;

Note

1. Il a fallu un certain temps à Victor Hugo, accablé de douleur, pour pouvoir aller sur la tombe de sa fille.

Je viens à vous, Seigneur, père auquel il faut croire ;
Je vous porte, apaisé,
Les morceaux de ce cœur tout plein de votre gloire
Que vous avez brisé ;

Je viens à vous, Seigneur ! confessant que vous êtes
Bon, clément, indulgent et doux, ô Dieu vivant !
Je conviens que vous seul savez ce que vous faites,
Et que l'homme n'est rien qu'un jonc[1] qui tremble au vent ;

Je dis que le tombeau qui sur les morts se ferme
Ouvre le firmament[2] ;
Et que ce qu'ici-bas nous prenons pour le terme
Est le commencement ;

Je conviens à genoux que vous seul, père auguste,
Possédez l'infini, le réel, l'absolu ;
Je conviens qu'il est bon, je conviens qu'il est juste
Que mon cœur ait saigné, puisque Dieu l'a voulu !

Je ne résiste plus à tout ce qui m'arrive
Par votre volonté.
L'âme de deuil en deuil, l'homme de rive en rive,
Roule à l'éternité.

Nous ne voyons jamais qu'un seul côté des choses[3] ;
L'autre plonge en la nuit d'un mystère effrayant.
L'homme subit le joug[4] sans connaître les causes.
Tout ce qu'il voit est court, inutile et fuyant.

Notes

1. jonc : roseau.
2. le firmament : la voûte des cieux.
3. Hugo écrivait dans une lettre du 26 juillet 1843 : *« Nous ne voyons qu'un côté des choses ; Dieu voit l'autre. »*
4. joug : pièce de bois reposant sur le dos d'un bœuf, où l'on accrochait la charrue ; au figuré, domination, contrainte.

Vous faites revenir toujours la solitude
Autour de tous ses pas.
Vous n'avez pas voulu qu'il eût la certitude
Ni la joie ici-bas!

Dès qu'il possède un bien, le sort le lui retire.
Rien ne lui fut donné, dans ses rapides jours,
Pour qu'il s'en puisse faire une demeure, et dire :
C'est ici ma maison, mon champ et mes amours!

Il doit voir peu de temps tout ce que ses yeux voient;
Il vieillit sans soutiens.
Puisque ces choses sont, c'est qu'il faut qu'elles soient;
J'en conviens, j'en conviens!

Le monde est sombre, ô Dieu! l'immuable[1] harmonie
Se compose des pleurs aussi bien que des chants;
L'homme n'est qu'un atome en cette ombre infinie,
Nuit où montent les bons, où tombent les méchants.

Je sais que vous avez bien autre chose à faire
Que de nous plaindre tous,
Et qu'un enfant qui meurt, désespoir de sa mère,
Ne vous fait rien, à vous!

Je sais que le fruit tombe au vent qui le secoue;
Que l'oiseau perd sa plume et la fleur son parfum;
Que la création est une grande roue
Qui ne peut se mouvoir sans écraser quelqu'un;

Note

1. **immuable** : invariable, inaltérable.

Les mois, les jours, les flots des mers, les yeux qui pleurent,
Passent sous le ciel bleu ;
Il faut que l'herbe pousse et que les enfants meurent ;
Je le sais, ô mon Dieu !

Dans vos cieux, au-delà de la sphère des nues,
Au fond de cet azur immobile et dormant,
Peut-être faites-vous des choses inconnues
Où la douleur de l'homme entre comme élément.

Peut-être est-il utile à vos desseins[1] sans nombre
Que des êtres charmants
S'en aillent, emportés par le tourbillon sombre
Des noirs événements.

Nos destins ténébreux vont sous des lois immenses
Que rien ne déconcerte et que rien n'attendrit.
Vous ne pouvez avoir de subites clémences[2]
Qui dérangent le monde, ô Dieu, tranquille esprit !

Je vous supplie, ô Dieu ! de regarder mon âme,
Et de considérer
Qu'humble comme un enfant et doux comme une femme
Je viens vous adorer !

Considérez encor que j'avais, dès l'aurore,
Travaillé, combattu, pensé, marché, lutté,
Expliquant la nature à l'homme qui l'ignore,
Éclairant toute chose avec votre clarté ;

Notes

1. **desseins :** projets.

2. **clémences :** mouvements de pitié.

Que j'avais, affrontant la haine et la colère,
Fait ma tâche ici-bas,
Que je ne pouvais pas m'attendre à ce salaire,
Que je ne pouvais pas

Prévoir que, vous aussi, sur ma tête qui ploie[1],
Vous appesantiriez[2] votre bras triomphant,
Et que, vous qui voyiez comme j'ai peu de joie,
Vous me reprendriez si vite mon enfant !

Qu'une âme ainsi frappée à se plaindre est sujette,
Que j'ai pu blasphémer[3],
Et vous jeter mes cris comme un enfant qui jette
Une pierre à la mer !

Considérez qu'on doute, ô mon Dieu ! quand on souffre,
Que l'œil qui pleure trop finit par s'aveugler,
Qu'un être que son deuil plonge au plus noir du gouffre,
Quand il ne vous voit plus, ne peut vous contempler,

Et qu'il ne se peut pas que l'homme, lorsqu'il sombre
Dans les afflictions[4],
Ait présente à l'esprit la sérénité sombre
Des constellations !

Aujourd'hui, moi qui fus faible comme une mère,
Je me courbe à vos pieds devant vos cieux ouverts.
Je me sens éclairé dans ma douleur amère
Par un meilleur regard jeté sur l'univers.

Notes

1. **ploie** : penche.
2. **appesantiriez** : feriez peser.
3. **blasphémer** : porter atteinte à Dieu ou à la religion.
4. **afflictions** : chagrins.

Seigneur, je reconnais que l'homme est en délire,
S'il ose murmurer ;
Je cesse d'accuser, je cesse de maudire,
Mais laissez-moi pleurer !

Hélas ! laissez les pleurs couler de ma paupière,
Puisque vous avez fait les hommes pour cela !
Laissez-moi me pencher sur cette froide pierre
Et dire à mon enfant : Sens-tu que je suis là ?

Laissez-moi lui parler, incliné sur ses restes,
Le soir, quand tout se tait,
Comme si, dans sa nuit rouvrant ses yeux célestes,
Cet ange m'écoutait !

Hélas ! vers le passé tournant un œil d'envie,
Sans que rien ici-bas puisse m'en consoler,
Je regarde toujours ce moment de ma vie
Où je l'ai vue ouvrir son aile et s'envoler !

Je verrai cet instant jusqu'à ce que je meure,
L'instant, pleurs superflus !
Où je criai : L'enfant que j'avais tout à l'heure,
Quoi donc ! je ne l'ai plus !

Ne vous irritez pas que je sois de la sorte,
Ô mon Dieu ! Cette plaie a si longtemps saigné !
L'angoisse dans mon âme est toujours la plus forte,
Et mon cœur est soumis, mais n'est pas résigné.

Ne vous irritez pas ! fronts que le deuil réclame,
Mortels sujets aux pleurs,
Il nous est malaisé de retirer notre âme
De ces grandes douleurs.

Voyez-vous, nos enfants nous sont bien nécessaires,
Seigneur ; quand on a vu dans sa vie, un matin,
Au milieu des ennuis, des peines, des misères,
Et de l'ombre que fait sur nous notre destin,

Apparaître un enfant, tête chère et sacrée,
Petit être joyeux,
Si beau, qu'on a cru voir s'ouvrir à son entrée
Une porte des cieux ;

Quand on a vu, seize ans, de cet autre soi-même
Croître la grâce aimable et la douce raison,
Lorsqu'on a reconnu que cet enfant qu'on aime
Fait le jour dans notre âme et dans notre maison,

Que c'est la seule joie ici-bas qui persiste
De tout ce qu'on rêva,
Considérez que c'est une chose bien triste
De le voir qui s'en va !

Villequier, 4 septembre 1847[1].

Note

1. Cette date est celle du quatrième anniversaire de la mort de Léopoldine, mais celle du manuscrit est le 24 octobre 1846.

Vers l'apaisement ?

Lecture analytique de l'extrait (p. 56, l. 1, à p. 57, l. 44)

Le mouvement d'un texte

Un texte progresse toujours par étapes; il évolue entre le début et la fin. Pour repérer ce mouvement, il faut s'appuyer sur le cadre formel (paragraphes, strophes), les connecteurs logiques *(mais, donc, car, toutefois…)*, les champs lexicaux, les changements (de temps, de personne…), les répétitions, les parallélismes ou les oppositions, etc.

La sortie du deuil

1. En observant en particulier le début de chaque strophe, dégagez le mouvement de l'extrait du poème.

2. Observez la date fictive et la date réelle du poème : comment interprétez-vous ce décalage, ainsi que la place du poème dans le recueil ?

3. En relevant les caractéristiques du lieu évoqué dans le titre du poème (« À Villequier »), montrez ce qu'il représente pour Victor Hugo. Quel rôle joue-t-il dans l'évolution de ses sentiments ?

4. Dans les strophes 1 à 4 (v. 1 à 16), relevez le vocabulaire de la vision et montrez comment on passe de la vision réelle de la nature à une vision plus spirituelle.

5. Dans les six premières strophes (v. 1 à 24), relevez le champ lexical de l'apaisement. Par quels actes ou pensées se manifeste-t-il ? Qu'est-ce qui a permis cette évolution ?

Un dialogue avec Dieu

6. Relevez et commentez les termes par lesquels le poète s'adresse à son destinataire dans cet extrait.

7. Dans les strophes 6 à 10 (v. 21 à 40), relevez les verbes dont le poète est le sujet. Quelles attitudes révèlent-ils de la part de Victor Hugo ? Vous pouvez relire « Trois ans après » (p. 18) et comparer les attitudes du poète dans les deux textes.

8. Dans les mêmes strophes (v. 21 à 40), observez les adjectifs qualifiant Dieu, ainsi que les actions dont Il est le sujet. Montrez que se dégage une vision contrastée de la divinité.

Cf. document 2.

9. Quelles similitudes, dans la relation entre l'artiste et la divinité, pouvez-vous observer entre ce poème et le tableau de Friedrich ?

Entre pessimisme et espérance

10. Relevez les vers proposant une définition de l'homme et montrez quelle conception s'en dégage.

11. Quelle vision de la mort apparaît à partir de la strophe 8 (v. 29) ? Relevez les images qui l'expriment et commentez-les.

Les rimes

Les rimes à la fin des vers mettent des termes en parallèle, en écho, en opposition, etc. Elles permettent ainsi de mettre en valeur et de souligner le sens du texte. Dans certains cas, elles peuvent avoir un effet comique en jouant sur les mots.

12. Observez le jeu des rimes dans les strophes 6 (v. 21 à 24), 8 (v. 29 à 32) et 10 (v. 37 à 40), et montrez comment, par les relations qu'elles établissent entre les termes à la rime, elles soulignent le sens de ces vers.

13. En vous appuyant sur vos réponses à ce questionnaire, rédigez un commentaire organisé montrant quelles images Victor Hugo donne, dans ce texte, de lui-même, de son évolution psychologique et de son rapport au monde et à Dieu.

XVI

MORS[1]

Je vis cette faucheuse[2]. Elle était dans son champ.
Elle allait à grands pas moissonnant et fauchant,
Noir squelette laissant passer le crépuscule.
Dans l'ombre où l'on dirait que tout tremble et recule,
L'homme suivait des yeux les lueurs de la faulx[3].
Et les triomphateurs sous les arcs triomphaux[4]
Tombaient; elle changeait en désert Babylone[5],
Le trône en l'échafaud et l'échafaud en trône,
Les roses en fumier, les enfants en oiseaux,
L'or en cendre, et les yeux des mères en ruisseaux.
Et les femmes criaient : – Rends-nous ce petit être.
Pour le faire mourir, pourquoi l'avoir fait naître ? –
Ce n'était qu'un sanglot sur terre, en haut, en bas;
Des mains aux doigts osseux sortaient des noirs grabats[6];
Un vent froid bruissait dans les linceuls[7] sans nombre;
Les peuples éperdus semblaient sous la faulx sombre
Un troupeau frissonnant qui dans l'ombre s'enfuit;
Tout était sous ses pieds deuil, épouvante et nuit.
Derrière elle, le front baigné de douces flammes,
Un ange souriant portait la gerbe d'âmes.

Mars 1854.

Notes

1. *Mors* : mot latin qui signifie « mort ».
2. **faucheuse** : image traditionnelle de la Mort fauchant les vies humaines.
3. **faulx** : orthographe étymologique pour *faux*, outil symbolique de la Mort et du Temps.
4. Dans la Rome antique, les généraux victorieux étaient honorés par la cérémonie du triomphe, lors de laquelle leur cortège passait sous un portique en bois ou en pierre (arc de triomphe).
5. **Babylone** : grande ville antique de Mésopotamie; dans la Bible, elle est le symbole du pouvoir et de l'orgueil humain, dont les prophètes annoncent la ruine.
6. **grabats** : lits de malades.
7. **linceuls** : draps dont on enveloppe les morts.

Charles Vacquerie dessiné par Mme Hugo.

PISTE 10

XVII

CHARLES VACQUERIE[1]

Il ne sera pas dit que ce jeune homme, ô deuil !
Se sera de ses mains ouvert l'affreux cercueil
Où séjourne l'ombre abhorrée[2],
Hélas ! et qu'il aura lui-même dans la mort
De ses jours généreux, encor pleins jusqu'au bord,
Renversé la coupe dorée,

Et que sa mère, pâle et perdant la raison,
Aura vu rapporter au seuil de sa maison,
Sous un suaire[3] aux plis funèbres,
Ce fils, naguère[4] encor pareil au jour qui naît,
Maintenant blême et froid, tel que la mort venait
De le faire pour les ténèbres ;

Il ne sera pas dit qu'il sera mort ainsi,
Qu'il aura, cœur profond et par l'amour saisi,
Donné sa vie à ma colombe,
Et qu'il l'aura suivie au lieu morne et voilé,
Sans que la voix du père à genoux ait parlé
À cette âme dans cette tombe !

Notes

1. Charles Vacquerie (1817-1843), lors du naufrage à Villequier, essaya en vain de sauver Léopoldine et, selon des témoins, choisit de se noyer avec elle.
2. **abhorrée** : détestée.
3. **suaire** : tissu dont on enveloppe les morts.
4. **naguère** : vient de « il n'y a guère (de temps) ». Le terme peut évoquer un passé proche ou lointain, selon le contexte.

En présence de tant d'amour et de vertu,
Il ne sera pas dit que je me serai tu,
Moi qu'attendent les maux sans nombre !
Que je n'aurai point mis sur sa bière[1] un flambeau,
Et que je n'aurai pas devant son noir tombeau
Fait asseoir une strophe sombre[2] !

N'ayant pu la sauver, il a voulu mourir.
Sois béni, toi qui, jeune, à l'âge où vient s'offrir
L'espérance joyeuse encore,
Pouvant rester, survivre, épuiser tes printemps,
Ayant devant les yeux l'azur de tes vingt ans
Et le sourire de l'aurore,

À tout ce que promet la jeunesse, aux plaisirs,
Aux nouvelles amours, aux oublieux[3] désirs
Par qui toute peine est bannie,
À l'avenir, trésor des jours à peine éclos,
À la vie, au soleil, préféras sous les flots
L'étreinte de cette agonie !

Oh ! quelle sombre joie à cet être charmant
De se voir embrassée au suprême moment,
Par ton doux désespoir fidèle !
La pauvre âme a souri dans l'angoisse, en sentant
À travers l'eau sinistre et l'effroyable instant
Que tu t'en venais avec elle !

Notes

1. **sa bière** : son cercueil.
2. Le poème est comme un monument funéraire célébrant la mémoire du jeune homme défunt.
3. **oublieux** : que l'on oublie rapidement.

Leurs âmes se parlaient sous les vagues rumeurs.
– Que fais-tu ? disait-elle. – Et lui disait : – Tu meurs ;
Il faut bien aussi que je meure ! –
Et, les bras enlacés, doux couple frissonnant,
Ils se sont en allés dans l'ombre ; et, maintenant,
On entend le fleuve qui pleure.

Puisque tu fus si grand, puisque tu fus si doux
Que de vouloir mourir, jeune homme, amant, époux,
Qu'à jamais l'aube en ta nuit brille !
Aie à jamais sur toi l'ombre de Dieu penché !
Sois béni sous la pierre où te voilà couché !
Dors, mon fils, auprès de ma fille !

Sois béni ! Que la brise et que l'oiseau des bois,
Passants mystérieux, de leur plus douce voix
Te parlent dans ta maison sombre !
Que la source te pleure avec sa goutte d'eau !
Que le frais liseron[1] se glisse en ton tombeau
Comme une caresse de l'ombre !

Oh ! s'immoler, sortir avec l'ange qui sort,
Suivre ce qu'on aima dans l'horreur de la mort,
Dans le sépulcre[2] ou sur les claies[3],
Donner ses jours, son sang et ses illusions !... –
Jésus baise en pleurant ces saintes actions
Avec les lèvres de ses plaies[4].

Notes

1. liseron : plante grimpante ou rampante, à fleurs blanches.
2. sépulcre : tombeau.
3. claies : sorte de brancard en osier tressé. On y attachait un condamné mené au supplice ou le corps de quiconque avait subi une mort déshonorante.
4. Jésus mort sur la Croix est la figure de celui qui se sacrifie par amour pour les autres.

Rien n'égale ici-bas, rien n'atteint sous les cieux
Ces héros, doucement saignants et radieux,
    Amour, qui n'ont que toi pour règle ;
Le génie à l'œil fixe, au vaste élan vainqueur,
Lui-même est dépassé par ces essors[1] du cœur ;
    L'ange vole plus haut que l'aigle.

Dors ! – Ô mes douloureux et sombres bien-aimés !
Dormez le chaste hymen[2] du sépulcre ! dormez !
    Dormez au bruit du flot qui gronde,
Tandis que l'homme souffre, et que le vent lointain
Chasse les noirs vivants à travers le destin,
    Et les marins à travers l'onde !

Ou plutôt, car la mort n'est pas un lourd sommeil,
Envolez-vous tous deux dans l'abîme vermeil,
    Dans les profonds gouffres de joie,
Où le juste qui meurt semble un soleil levant,
Où la morte au front pâle est comme un lys vivant,
    Où l'ange frissonnant flamboie !

Fuyez, mes doux oiseaux ! évadez-vous tous deux
Loin de notre nuit froide et loin du mal hideux !
    Franchissez l'éther[3] d'un coup d'aile !
Volez loin de ce monde, âpre[4] hiver sans clarté,
Vers cette radieuse et bleue éternité,
    Dont l'âme humaine est l'hirondelle !

Notes

1. **essors** : envols.
2. **hymen** : mariage.
3. **éther** : en poésie, air le plus pur, ciel.
4. **âpre** : rude.

Ô chers êtres absents, on ne vous verra plus
Marcher au vert penchant des coteaux chevelus,
Disant tout bas de douces choses !
Dans le mois des chansons, des nids et des lilas,
Vous n'irez plus semant des sourires, hélas !
Vous n'irez plus cueillant des roses !

On ne vous verra plus, dans ces sentiers joyeux,
Errer, et, comme si vous évitiez les yeux
De l'horizon vaste et superbe,
Chercher l'obscur asile et le taillis profond
Où passent des rayons qui tremblent et qui font
Des taches de soleil sur l'herbe !

Villequier, Caudebec[1], et tous ces frais vallons,
Ne vous entendront plus vous écrier : « Allons,
Le vent est bon, la Seine est belle ! »
Comme ces lieux charmants vont être pleins d'ennui !
Les hardis goëlands[2] ne diront plus : C'est lui !
Les fleurs ne diront plus : C'est elle !

Dieu, qui ferme la vie et rouvre l'idéal,
Fait flotter à jamais votre lit nuptial
Sous le grand dôme[3] aux clairs pilastres[4] ;
En vous prenant la terre, il vous prit les douleurs ;
Ce père souriant, pour les[5] champs pleins de fleurs,
Vous donne les cieux remplis d'astres !

Notes

1. **Caudebec** : ville normande au bord de la Seine.
2. **goëlands** : goélands, grands oiseaux marins.
3. **dôme** : voûte.
4. **pilastres** : piliers ; par cette image, Hugo évoque le paradis.
5. **pour les** : en échange des.

Allez des esprits purs accroître la tribu.
De cette coupe amère[1] où vous n'avez pas bu,
    Hélas ! nous viderons le reste.
Pendant que nous pleurons, de sanglots abreuvés,
Vous, heureux, enivrés de vous-mêmes, vivez
    Dans l'éblouissement céleste !

Vivez ! aimez ! ayez les bonheurs infinis.
Oh ! les anges pensifs, bénissant et bénis,
    Savent seuls, sous les sacrés voiles,
Ce qu'il entre d'extase, et d'ombre, et de ciel bleu,
Dans l'éternel baiser de deux âmes que Dieu
    Tout à coup change en deux étoiles !

Jersey, 4 septembre 1852.

Vue cavalière de *Marine-Terrace*, à Jersey, maison où la famille Hugo séjourna de 1852 à 1855. Dessin à la gouache de Victor Hugo.

Note

1. Cette *« coupe amère »* symbolise l'existence humaine et ses épreuves.

Dossier biblioLYCÉE

Pauca meæ

1 Structure de l'œuvre

Les Contemplations : *« ma grande pyramide »*

Le recueil, que Victor Hugo estime être sa *« grande pyramide »* comme il le confie dans une lettre à son éditeur Jules Hetzel, est construit en deux parties symétriques, organisées selon une logique biographique autour de la fracture causée par la mort de Léopoldine. Celle-ci encadre le recueil, en étant dédicataire du premier poème du livre I (« À ma fille ») et de l'ultime pièce « À celle qui est restée en France ». Tout le recueil est donc structuré par l'expérience de la mort et du deuil qui éclairent et orientent le passé et l'avenir.

« Un jour je vis »	1 poème	Préambule liant, dans une métaphore, la mer, le poète, Dieu et l'homme.
	Autrefois (1830-1843)	
I. Aurore	29 poèmes	Livre de la jeunesse : premières amours, luttes littéraires, amour de la nature.
II. L'Âme en fleur	28 poèmes	Livre de l'amour, essentiellement consacré à Juliette Drouet.
III. Les Luttes et les Rêves	30 poèmes	Livre des combats : contre la misère sociale, la tyrannie, la guerre…
	Aujourd'hui (1843-1856)	
IV. *Pauca meæ*	17 poèmes	Livre du deuil.
V. En marche	26 poèmes	Livre du ressaisissement et de la méditation sur la nature, l'océan, la destinée humaine et l'expérience de l'exil.
VI. Au bord de l'infini	26 poèmes	Livre de la révélation métaphysique, au-delà de l'angoisse de la mort.
« À celle qui est restée en France »	1 poème	Offrande du recueil à sa fille Léopoldine.

Structure du livre IV (« *Pauca meæ* »)

➠ Vers l'apaisement

Le livre IV représente la rupture entre *Autrefois* et *Aujourd'hui*, matérialisée, entre les poèmes II et III, par la date du 4 septembre 1843 et la ligne de points de suspension évoquant le silence qui a suivi.
On peut dégager, de l'organisation du livre IV, une progression dans les sentiments du poète : il passe de la révolte contre la cruauté de la mort à une certaine acceptation devant un mystère qui prend pour lui un sens religieux et métaphysique.

Poèmes I et II	Janvier et février 1843 : Léopoldine fiancée et mariée.
4 septembre 1843	
Poèmes III et IV	Après trois ans de silence, expression de la révolte et du désespoir.
Poèmes V, VI, VII et IX	Les souvenirs heureux de l'enfance de Léopoldine.
Poèmes VIII, X, XI, XII et XIII	Réflexion sur la mort et le destin de l'homme. Le poète fait le bilan de son existence. Poèmes dominés par un certain pessimisme et qui expriment la lassitude de vivre.
Poème XIV	Tournant dans le recueil : premier poème où Victor Hugo s'adresse directement à sa fille morte et qui montre davantage de sérénité.
Poèmes XV, XVI et XVII	Vers l'apaisement : le poète accepte le mystère de la mort. Les âmes des morts, transfigurées, deviennent des anges.

➠ Le rythme des anniversaires

« *Pauca meæ* » est scandé par les anniversaires de la mort de Léopoldine : 6 poèmes sont datés du 4 septembre. En comparant les dates du recueil avec celles du manuscrit, on voit le travail de recomposition chronologique effectué par Hugo : 3 poèmes seulement ont été vraiment écrits ou achevés un 4 septembre, et les années ont été modifiées pour créer une progression de 1844 à 1847 (du poème VI au poème XV), alors qu'aucun de ces poèmes n'a été écrit avant 1846.

2 Victor Hugo : le génie du XIXe siècle

Identité :
Victor Hugo

Naissance :
26 février 1802,
à Besançon

Décès :
22 mai 1885
(à 83 ans), à Paris

Genres pratiqués :
poésie, théâtre,
roman, essai

Par sa longévité et la variété de son génie, Victor Hugo incarne le XIXe siècle et ses différentes tendances artistiques et politiques.

I – Une enfance voyageuse

Victor Hugo est le troisième fils de Sophie Trébuchet, vendéenne et royaliste, et de Joseph Léopold Hugo, qui deviendra général de Napoléon en 1809. La carrière d'officier de son père entraîne sa famille dans de multiples déplacements (Corse, Naples, Espagne). Mais, en 1812, les parents se séparent et la mère reste avec ses enfants à Paris.

II – Un poète précoce

Attiré par la poésie dès l'âge de 13 ans, le jeune Victor lit énormément et écrit sur un de ses cahiers : *« Je veux être Chateaubriand ou rien »* ! Il envoie des poèmes à des concours et connaît ses premiers succès à 17 ans.
En 1819, avec ses deux frères, il fonde un journal, *Le Conservateur littéraire*. Son premier recueil de poèmes, *Odes*, paru en 1821, se vend bien et lui vaut une pension annuelle du roi Louis XVIII. Il peut ainsi épouser en 1822 Adèle Foucher, une amie d'enfance dont il aura cinq enfants.

III – Le chef de file du romantisme

➥ La bataille romantique

Victor Hugo rassemble autour de lui, dans le groupe du Cénacle, de jeunes écrivains et artistes (Vigny, Gautier, Musset, Berlioz, Chopin,

L'évolution politique de Victor Hugo

Marqué par l'appartenance politique opposée de ses parents, il est d'abord favorable à la royauté et est nommé pair de France par Louis-Philippe (1845). Mais, animé par des idéaux de justice et de liberté, il devient résolument républicain à partir de 1849.

Delacroix...) avides de liberté artistique. Il définit un nouveau genre théâtral, le drame romantique, dans la préface de sa pièce *Cromwell* (1827) ; son recueil *Les Orientales* (1829) bouleverse les règles traditionnelles de la versification.

Un écrivain à succès

Ses drames connaissent un immense succès, en particulier *Hernani*, qui déclenche, lors de sa création en 1830, une « bataille » où s'affrontent conservateurs et jeunes romantiques. Il publie des recueils lyriques (*Les Feuilles d'automne* en 1831, *Les Rayons et les Ombres* en 1840) et des romans (*Notre-Dame de Paris* en 1831, roman historique à la dimension épique ; *Le Dernier Jour d'un condamné* en 1829 ou *Claude Gueux* en 1834, œuvres engagées contre la peine de mort). Sa gloire littéraire est couronnée par son élection à l'Académie française en 1841.
En 1833, il rencontre Juliette Drouet, actrice dans sa pièce *Lucrèce Borgia*, qui sera sa maîtresse jusqu'à sa mort.

LE DRAME ROMANTIQUE
Le drame romantique s'émancipe des règles classiques et réclame le mélange des genres, des registres et des niveaux de langue. Il met en scène des personnages de toutes les classes sociales, souvent complexes et déchirés, faibles et sublimes.

IV – Un homme blessé

Un poète endeuillé

La vie de Victor Hugo bascule le 4 septembre 1843, jour de la mort de sa fille Léopoldine, noyée dans la Seine. Pendant presque dix ans, il ne publiera rien. Mais, à partir de 1845, il met en chantier le roman qui deviendra *Les Misérables* et, à partir de 1846, compose de nombreux poèmes qui figureront dans *Les Contemplations*.

Un homme politique

Lors de la révolution de 1848 et de l'instauration de la IIe République, Hugo est élu député de Paris à l'Assemblée constituante, puis législative. Il expose à la tribune des thèmes qui lui sont chers. En 1849, lors du Congrès de la paix qu'il préside à Paris, il prône déjà les États-Unis d'Europe.

CENSURÉ !
Certaines de ses œuvres théâtrales, jugées trop révolutionnaires, se heurtent à la censure : *Marion Delorme* (1831), *Le roi s'amuse* (1832).

UN HOMME RÉVOLTÉ
Victor Hugo s'élève contre la déportation, la peine de mort et le travail des enfants; il défend l'instruction obligatoire, la liberté de la presse et du théâtre, le suffrage universel...

Un banni

Mais le coup d'État de Charles Louis Napoléon Bonaparte le 2 décembre 1851 anéantit tous les espoirs de Victor Hugo : il tente de soutenir la résistance de la gauche républicaine mais se voit menacé d'arrestation et doit s'enfuir à Bruxelles le 11 décembre. Après la publication, en 1852, de *Napoléon-le-Petit,* violent pamphlet contre Bonaparte qui s'est fait sacrer empereur sous le nom de Napoléon III, la France exige de la Belgique qu'elle exile l'écrivain : il part alors pour Jersey où il s'installe à *Marine-Terrace* avec sa famille.

V – L'exil forcé

Un irréductible

Dès 1853, Victor Hugo fait paraître, à Bruxelles, *Châtiments* (rebaptisé *Les Châtiments* en 1870), violente satire poétique contre Napoléon III : le recueil est évidemment interdit en France, où il est néanmoins introduit clandestinement.
Il reste en exil, à Jersey puis à Guernesey, jusqu'à la chute de l'Empire et refuse, en 1859, l'amnistie qui lui permettrait de revenir en France. Il assume pleinement l'image du proscrit, de l'opposant inébranlable à un pouvoir oppresseur, et devient une sorte de personnage mythique : d'autres proscrits se réunissent chez lui; des républicains sollicitent son soutien...

CHOSES VUES
« Je vis, je suis, je contemple. Dieu à un pôle, la nature à un autre, l'humanité au milieu. Chaque jour m'apporte un nouveau firmament d'idées. »

Un poète *« mage »* (Hugo)

Ce long séjour face à l'océan oriente les méditations de Victor Hugo sur les grands mystères de l'existence : la mort et l'au-delà, le destin de l'homme, la présence de Dieu dans l'Univers... Il s'ouvre au fantastique, dont sont empreints ses nombreux dessins, et pratique même le spiritisme lors de séances de « tables tournantes ». *Les*

Contemplations, qui paraissent en 1856, rendent compte de ces expériences et de ses réflexions. Dans la même veine, *La Légende des siècles*, dont la première partie paraît en 1859, est une vaste interrogation sur la destinée de l'humanité.

➠ Un romancier prolifique

La période de l'exil correspond aussi, pour Victor Hugo, à une intense production romanesque, en particulier avec la publication, en 1862, des *Misérables*, ouvrage qui traite de l'injustice sociale. Il publie également *Les Travailleurs de la mer* en 1866 et *L'Homme qui rit* en 1869, long roman philosophique qui n'aura pas un grand succès auprès du public.

LA LÉGENDE DES SIÈCLES
Victor Hugo veut *« faire apparaître, dans une sorte de miroir sombre et clair, [...] cette grande figure une et multiple, lugubre et rayonnante, fatale et sacrée, l'Homme »* (préface).

VI – Le retour en France : ombres et lumières

➠ Un retour acclamé mais difficile

Ce n'est qu'à la chute de l'Empire (4 septembre 1870) que Victor Hugo rentre en France, où il est acclamé. Mais, en 1871, c'est la Commune : il condamne les excès de l'insurrection mais aussi les atrocités de la répression dans *L'Année terrible*. Élu au Sénat en 1876, il réclame l'amnistie des communards, qu'il n'obtiendra qu'en 1880.

➠ Une vieillesse faite d'épreuves et de bonheurs

Si sa vieillesse est affectée de nombreuses épreuves (mort de ses fils en 1871 et 1873, internement de sa fille Adèle en 1872, mort de sa maîtresse Juliette Drouet en 1883), Victor Hugo se réjouit d'être entouré de ses petits-enfants, pour qui il écrit *L'Art d'être grand-père* (1877). Il continue de publier : les 2e et 3e parties de *La Légende des siècles* (1877 et 1883), *Quatrevingt-treize* en 1874, son dernier roman, qui s'interroge sur l'héritage de la Révolution…

UN MYTHE VIVANT
La popularité de Victor Hugo est telle que, le jour de ses 80 ans (1882), 600 000 Parisiens de toutes conditions sociales défilent sous ses fenêtres pour lui souhaiter son anniversaire ! (*Cf.* page 102.)

FUNÉRAILLES NATIONALES
2 millions de personnes défilent devant le cercueil de Victor Hugo exposé sous l'Arc de Triomphe avant qu'il soit conduit au Panthéon.

Victor Hugo meurt en 1885 : alors qu'il voulait être enterré avec le corbillard des pauvres, le 1er juin sont organisées des funérailles nationales.

Hauteville House, la maison de la famille Hugo à Guernesey.

3 Le XIXe, siècle de révolutions

Le XIXe est un siècle très mouvementé, où se succèdent plusieurs régimes forts, renversés par des insurrections populaires ou des défaites militaires. Les idées républicaines s'y établissent peu à peu et sont l'objet de luttes politiques parfois violentes dans lesquelles s'illustrera Victor Hugo.

I – De l'Empire à la République

Le Premier Empire (1804-1815)

Victor Hugo naît sous le Consulat en 1802, l'année où Napoléon Bonaparte est proclamé consul à vie. Il grandit sous l'Empire, régime qui hérite de certaines valeurs de la Révolution et enterre l'Ancien Régime en favorisant un nouveau brassage social. Sacré empereur en 1804, Napoléon Ier emmène la Grande Armée, où sert le père de Victor Hugo, jusqu'aux confins de l'Europe. Mais il est contraint d'abdiquer en 1815 après la défaite de Waterloo.

Le retour au régime monarchique (1815-1848)

- La Restauration (1815-1830)

Le roi Louis XVIII, frère de Louis XVI, monte sur le trône et tente d'assurer l'unité nationale avec une politique de conciliation, qui a le soutien du jeune Hugo favorable à une monarchie constitutionnelle. Mais les nobles et le clergé, émigrés pendant la Révolution, reprennent une place importante dans la société et écartent la jeunesse de la vie politique par crainte qu'elle ne fomente une nouvelle révolution.

Charles X, qui succède à son frère décédé en 1824, règne de manière plus conservatrice, et cette dérive monarchiste suscite une opposition républicaine de plus en plus organisée.

CHARTE
Louis XVIII s'appuie sur une charte pour gouverner, qui constitue un moyen terme entre les principes de la royauté d'Ancien Régime et les décisions prises sous la Révolution et l'Empire.

LOUIS-PHILIPPE
Louis-Philippe est le fils de Philippe Égalité qui avait voté la mort de son cousin Louis XVI en 1793. Il est proclamé « roi des Français » par les députés et les pairs de France.

COUP D'ÉTAT : LA RÉPRESSION
En plus des quelques milliers de morts lors du coup d'État, environ 20 000 opposants et républicains sont condamnés au bannissement, à la déportation en Algérie ou au bagne.
Mais, finalement, beaucoup seront graciés.

Les Trois Glorieuses et la monarchie de Juillet (1830-1848)

Alors que les jeunes romantiques font la révolution dans la littérature, le peuple parisien, lors de l'insurrection des « Trois Glorieuses » (du 27 au 29 juillet 1830), provoque le départ de Charles X et l'avènement de Louis-Philippe, qui installe le régime de la « monarchie de Juillet ».
Ce régime se montre plus libéral et accorde plus de libertés à la presse. Il suscite de grands bouleversements économiques et industriels, qui entraînent la constitution d'un prolétariat ouvrier, vivant dans une misère à laquelle Hugo se montre de plus en plus sensible. Devant la montée de la contestation républicaine et des émeutes, la monarchie se durcit et sera balayée, en 1848, par la « révolution de Février », qui entraîne l'abdication de Louis-Philippe et l'instauration de la IIe République.

Les espoirs de la IIe République (1848-1851)

L'espoir social et républicain s'exprime dans ce régime qui abolit la peine de mort et l'esclavage et qui institue le suffrage universel et la liberté de la presse. Hugo et Lamartine sont députés et peuvent faire entendre leurs idées. Mais tous les élans sont brisés, le 2 décembre 1851, par le président en exercice Charles Louis Napoléon Bonaparte, neveu de Napoléon Ier, qui organise un coup d'État.

Le Second Empire (1852-1870)

Un an plus tard, il se proclame empereur sous le nom de Napoléon III et instaure un régime autoritaire : l'ordre moral est restauré, la liberté de la presse limitée ; Hugo doit s'exiler. Mais c'est aussi une période de prospérité et de paix, où triomphe la bourgeoisie et s'épanouit la « révolution industrielle », marquée par l'essor de l'industrie, de la banque et de la finance, qui creuse encore les écarts sociaux.

➠ La IIIe République (1870-1940)

Le désastre militaire de Sedan, lors de la guerre de 1870 contre la Prusse, provoque la chute de Napoléon III et l'instauration de la République, l'invasion du Nord de la France par les Prussiens et le siège de Paris, où la population souffre cruellement de la faim. Le peuple parisien se révolte contre l'armistice signé en janvier 1871 et forme le gouvernement révolutionnaire de la Commune ; cette insurrection, de mars à mai 1871, est marquée par une grande violence : destruction de monuments (colonne Vendôme, Hôtel de Ville), exécutions d'otages… Elle s'achève par la « Semaine sanglante » et une répression féroce contre laquelle s'élève Hugo. Après ces soubresauts, le régime républicain s'installe de façon durable jusqu'à la nouvelle défaite française de 1940.

RÉPRESSION DE LA COMMUNE
Le nombre des morts chez les communards est estimé entre 6 000 et 20 000. Il y eut environ 4 000 déportés, qui n'obtinrent leur amnistie qu'en 1880, grâce notamment au soutien de Victor Hugo.

II – Un début de démocratisation de la lecture

➠ Un public plus large

Le développement de l'alphabétisation et de l'école primaire (loi Guizot de 1833), la création des lycées sous le Premier Empire ou encore l'invention de la rotative au début du siècle rendent le livre et le journal beaucoup plus accessibles aux lecteurs. Le nombre d'auteurs et de livres publiés s'accroît considérablement au cours du siècle. À partir de 1830, l'édition devient un métier à part entière où certains, comme Jules Hetzel, font fortune.

JULES HETZEL (1814-1886)
Connu pour être l'éditeur de Jules Verne, Hetzel se lie avec Hugo en 1851, lors de leur exil à Bruxelles pour leurs prises de position républicaines. C'est lui qui éditera *Les Châtiments* puis *Les Contemplations*.

L'OBJET « LIVRE »
Les éditeurs belges des *Misérables* ont compris l'importance du « lancement » d'une œuvre : en 1862, ils publient le roman en français le même jour dans une douzaine de pays !

UN CAS À PART
La notoriété de Victor Hugo lui permettait d'exiger des éditeurs une très forte somme pour les manuscrits de ses romans en particulier : ce qui lui a permis une grande aisance financière.

Un nouveau statut du livre

Le livre se diversifie : livres populaires à petit format, romans publiés en feuilletons dans des journaux à gros tirage, premiers livres illustrés pour enfants, livres éducatifs... C'est le début du phénomène du « best-seller », avec les grands succès d'Alexandre Dumas ou de Victor Hugo. Le livre devient un objet de consommation courante et profite d'un réseau de vente efficace s'appuyant sur les journaux, les bibliothèques de gare lancées à cette époque ou la publicité.

III – Écrivain : un statut social fragile

Une précarité financière

Tandis qu'au siècle précédent les auteurs étaient pensionnés par le roi ou disposaient d'une fortune personnelle, de plus en plus d'écrivains aspirent à vivre de leur plume au XIXe siècle. Si quelques-uns, dont Victor Hugo, y sont parvenus, la plupart ont échoué, en raison d'une forte concurrence, ou ont dû, pour subsister, entrer dans les circuits commerciaux des romans-feuilletons, au risque d'y épuiser leur talent et leurs forces.

Une difficile reconnaissance

De même, la reconnaissance littéraire fut parfois difficile à obtenir. La littérature d'avant-garde que représentait le romantisme, dans la première moitié du siècle, fut ainsi longtemps combattue par les institutions officielles comme l'Académie française, où Victor Hugo essuiera trois échecs avant son entrée en 1841.

4 Genèse et réception de l'œuvre

I – Après un silence poétique de trois ans

Dès 1840, Victor Hugo a le projet d'un recueil qui dépasserait le cadre du lyrisme personnel et s'intitulerait *Les Contemplations d'Olympio* : les poèmes les plus anciens des *Contemplations* datent de cette période.

Les circonstances psychologiques (décès de sa fille) et politiques (révolution de 1848, exil en 1851) en retardent l'achèvement.

Après la mort de sa fille Léopoldine, Victor Hugo n'écrit plus de poésie pendant trois ans; mais, en 1846, l'écrivain se remet à l'écriture poétique, peut-être poussé par un autre deuil, celui de Claire Pradier, la fille de sa maîtresse Juliette Drouet, morte à 22 ans en juillet 1846 (*cf.* poème XI, p. 44).

OLYMPIO
Olympio est un double de Victor Hugo, qui apparaît dans *Les Voix intérieures* (1837) et *Les Rayons et les Ombres* (1840). Il représente le poète persécuté mais aussi prophète.

II – D'abord *Les Châtiments*...

En 1852, il pense à une œuvre à la fois lyrique et polémique, en deux volumes séparés par la date fatidique du coup d'État de Charles Louis Napoléon Bonaparte, le 2 décembre 1851 : *Autrefois*, consacré à l'amour et au deuil, et *Aujourd'hui*, partie violemment polémique qui s'attaquerait à la situation politique du moment et en particulier au futur Napoléon III.

Comme Victor Hugo estime qu'il doit rapidement prendre la parole contre le régime qui se met en place, cette seconde partie satirique, *« flagellation du drôle en chef »* (comme l'écrit Hugo à son éditeur Hetzel en 1852), devient une œuvre indépendante, qu'il intitule *Châtiments*. Composé de sept livres, ce recueil poétique paraît clandestinement à Bruxelles en novembre 1853.

UN LIVRE DE COMBAT
« J'ai pensé qu'il m'était impossible de publier en ce moment un volume de poésie pure. Cela ferait l'effet d'un désarmement, et je suis plus armé et plus combattant que jamais » (Lettre à Hetzel).

HUGO ET LE SPIRITISME
De 1853 à 1855, Hugo et ses proches se livrent quasi quotidiennement à des séances de tables tournantes. Ils conversent avec Molière, Mozart, Racine, la Mort, le Drame, Jésus…

ŒUVRE INTÉGRALE
Victor Hugo refusait, de son vivant, que *Les Contemplations* soient publiées en extraits !

III – … puis *Les Contemplations*

Les « *Mémoires d'une âme* » apaisée

Dans une lettre à Hetzel, Victor Hugo annonce qu'il envisage alors *« de publier un volume de vers calmes »*, et il complète les textes existants avec environ 90 poèmes, davantage centrés sur le mystère de la mort. À Jersey, c'est l'époque des séances de spiritisme qui font entendre la voix des morts, en particulier celle de Léopoldine, mais aussi de grandes entités comme *« la bouche d'ombre »* (du titre du dernier poème du livre VI des *Contemplations*) : cette expérience renouvelle les intuitions poétiques, philosophiques, religieuses et métaphysiques de Victor Hugo. Mais, dans la nouvelle conception de l'œuvre, il ne renonce pas à la dénonciation de la tyrannie ou de la misère.

Une structure remaniée

Victor Hugo conserve la division initiale entre *Autrefois* et *Aujourd'hui*, séparés, cette fois, par la date du 4 septembre 1843, jour de la mort de Léopoldine. L'œuvre devient une recomposition de la vie du poète, une autobiographie poétique : *« Une destinée est écrite là jour à jour »*. À travers le deuil et la renaissance par l'écriture, l'auteur s'interroge plus largement sur sa mission poétique. Jusqu'en cours d'impression, il remanie le plan et le classement des poèmes.

Un succès immédiat

L'œuvre paraît en deux tomes, à Paris et à Bruxelles, en avril 1856, avec un tirage de 3 000 exemplaires. Malgré la situation politique délicate de l'auteur, le succès du recueil est très grand : en dépit de ses adversaires politiques et littéraires, 2 500 exemplaires sont vendus en deux jours, et une réimpression est nécessaire en mai.

5 L'œuvre lyrique d'un romantique

I – L'expression lyrique du deuil

Le lyrisme se caractérise par l'expression personnelle du poète qui chante ses émotions et ses sentiments – tristesse, joie, amour heureux ou malheureux, révolte... –, mais aussi ses interrogations religieuses et existentielles, sa quête d'identité... Dans *Les Contemplations*, Victor Hugo illustre toutes les facettes de la poésie lyrique, à partir de l'expérience bouleversante de la perte de sa fille.

Des tonalités propres au lyrisme

La poésie lyrique permet au poète de mettre des mots sur ce qui lui paraît inexprimable : le livre IV est ainsi empli des pleurs du poète, de ses cris de révolte (III), de désespoir (XIII), du regret poignant des bonheurs perdus (V à VII). Beaucoup de poèmes prennent une tonalité **pathétique**, suscitant la compassion du lecteur, à travers le vocabulaire de l'émotion, la ponctuation affective, et la manière directe de s'adresser au lecteur, à Dieu ou à sa fille. L'expression, souvent extrêmement simple, est d'autant plus émouvante : « *je suis brisé, las et triste* » (III) ; elle « *a froid* » (III).
Hugo s'inscrit aussi dans la tradition de la poésie **élégiaque** (*cf.* p. 30), qui chante le regret mélancolique de ce qui a disparu : « *Et dire qu'elle est morte ! hélas !* » (V). Les poèmes V à VII évoquent, avec une grande musicalité et beaucoup de nostalgie, les moments heureux de l'enfance de Léopoldine, comme pour revivifier ce temps béni.

Un lyrisme métaphysique

La mort brutale de sa fille est également vécue sur le mode **tragique** par le père, comme un événement incompréhensible, œuvre d'un « *Dieu jaloux* » (III) ou du « *Vautour fatalité* » (VIII) attaché

LYRE ET LYRISME
Le lyrisme remonte aux origines antiques de la poésie occidentale, avec des poètes grecs comme Sappho ou Anacréon.
Il consistait en une poésie chantée, accompagnée de la lyre, petite harpe qui était l'attribut du dieu des arts Apollon.

LE TRAGIQUE
Ce registre (ou tonalité) exprime le poids de la fatalité sur l'être humain, confronté à des forces qui le dépassent, comme les lois de la nature, le divin, les déterminismes psychologiques et sociaux. L'homme crie alors sa douleur, mêlée d'impuissance et de révolte.

au genre humain. L'expérience du deuil donne ainsi au lyrisme de Victor Hugo une dimension métaphysique : son désespoir est aussi le lieu d'une interrogation sur le mystère de la mort ou sur sa propre vie, que l'on retrouve dans de nombreux poèmes (VIII, X, XI, XIII).

II – Une autobiographie poétique ?

« UNE ÂME QUI SE RACONTE »
Hugo veut rendre compte, en poésie, de vingt-six ans de sa vie (de 1830 à 1856), en évoquant *« toutes les impressions, tous les souvenirs, toutes les réalités, tous les fantômes vagues, riants ou funèbres, que peut contenir une conscience ».*

➠ *« Mémoires d'une âme »* (préface)

L'expression personnelle propre à toute œuvre lyrique se double, dans *Les Contemplations*, d'un dessein autobiographique exprimé dès la préface du recueil.
Cependant, cette autobiographie ne vise pas à raconter des événements, mais à exprimer leur retentissement dans « l'âme » du poète. D'où l'importance des poèmes en forme de bilan, où Victor Hugo se retourne sur sa vie pour l'analyser et la juger, comme dans « *Veni, vidi, vixi* » ou « À Villequier ». « *Pauca meæ* » retrace ainsi un véritable itinéraire spirituel, allant de la révolte désespérée à la foi affirmée que la mort est le commencement d'une vie nouvelle (XVII).

➠ *« Une destinée est écrite là jour à jour »* (préface)

La dimension autobiographique est soulignée par la mention répétée de dates précises dans les titres, qui ancrent les poèmes dans un temps vécu : « 15 février 1843 », « Trois ans après »… Une date, réelle ou fictive, figure au bas de chaque poème, créant ainsi une chronologie poétique (*cf.* p. 15).
Des souvenirs précis sont évoqués par Hugo, comme la mort de sa mère (III : *« À vingt ans, deuil et solitude ! »*), ou encore des lieux très concrets (IX : *« la colline / Qui joint Montlignon à Saint-Leu »* ; VI : *« le coin du vieux mur »*…). Le nom de *« Villequier »*, où Léopoldine s'est noyée, est mentionné 6 fois. Cette précision suscite une émotion

d'autant plus forte qu'elle permet au lecteur de rejoindre, par l'imagination, l'expérience du poète qui lui confie les plus humbles de ses souvenirs.

III – La dimension universelle du lyrisme

➠ *« Ma vie est la vôtre »* (préface)

Tout poète lyrique, au-delà de son expérience individuelle, partage des sentiments, des émotions propres à tous les hommes. Hugo, lui aussi, s'élève contre l'idée qu'un poème lyrique ne serait que l'étalage d'une conscience centrée sur elle-même. Au contraire, il s'exclame dans sa préface : *« quand je vous parle de moi, je vous parle de vous »*.

➠ Des expériences communes

Ainsi le poète s'adresse-t-il fréquemment au lecteur, en particulier à ceux qui ont connu la même épreuve que lui : *« Vous tous à qui Dieu prit votre chère espérance, / Pères, mères, dont l'âme a souffert ma souffrance, / Tout ce que j'éprouvais, l'avez-vous éprouvé ? »* (IV). Il cherche à rejoindre tous les hommes à travers des expériences communes, en employant souvent les pronoms *« nous »* et *« on »* qui englobent à la fois lui-même et le lecteur : *« On vit, on parle, on a le ciel et les nuages / Sur la tête »* (XI) ; *« Il nous est malaisé de retirer notre âme / De ces grandes douleurs »* (XV). C'est donc au nom de tous les êtres humains que parle Hugo : il s'interroge sur leur destinée (VIII) ou tente de les consoler en exprimant, avec compassion, leurs souffrances partagées (XV : *« on doute, ô mon Dieu ! quand on souffre »*).

▸ UNE ASPIRATION PARTAGÉE

Le cri de Victor Hugo au lecteur – *« Ah ! insensé, qui crois que je ne suis pas toi ! »* – se retrouve dans le poème liminaire des *Fleurs du Mal* de Baudelaire, recueil paru en 1857, un an après *Les Contemplations* : *« Hypocrite lecteur, – mon semblable, – mon frère ! »*

IV – Une âme romantique

Le mouvement romantique est apparu en réaction à la fois contre le dogmatisme classique, la rigidité de la raison et la sclérose sociale de la

Restauration. Les jeunes gens nés au tournant du XIXe siècle veulent exprimer librement leur individualité passionnée et leur sensibilité complexe et tourmentée : aux prises avec un univers souvent décevant, ils ont soif d'absolu et sont animés d'idéaux de liberté et de fraternité, de progrès social, de beauté ou de spiritualité, qu'ils défendent à travers leurs œuvres.

Le romantisme voit son apogée entre 1830 et 1850, dominé par la grande figure de Victor Hugo. En 1856, année de parution des *Contemplations*, le romantisme commence à décliner, contesté par d'autres courants comme le Parnasse et le symbolisme. Cependant, le recueil de Victor Hugo constitue un véritable accomplissement des valeurs et de l'esthétique romantiques.

UN PORTRAIT ROMANTIQUE
Le poème XI est une sorte de portrait de l'individu romantique, sensible à la nature, avide d'amour et de bonheur, engagé dans la vie politique *« aux sombres assemblées »*, conscient de sa nature complexe et tragique : *« Devant le but qu'on veut et le sort qui vous prend, / On se sent faible et fort, on est petit et grand. »*

➠ L'exaltation du Moi

L'artiste romantique fait de son œuvre le lieu où son cœur, son Moi le plus intime peuvent s'épancher en toute liberté. C'est ainsi que le *« je »* lyrique envahit tout le recueil des *Contemplations*. Le sentiment se fait passion, oscillant entre désespoir morbide et enthousiasme sublime; le poète montre la même intensité à crier sa douleur qu'à exprimer son admiration exaltée devant le sacrifice de Charles Vacquerie ou la vertu de Léopoldine, en des termes souvent hyperboliques : *« Pure Innocence! Vertu sainte! / Ô les deux sommets d'ici-bas! »* (I).

L'artiste romantique, passionné et épris d'idéal, se sent donc souvent incompris et isolé, *« objet de haine »* (XIII) pour une société matérialiste et bornée.

➠ La communion avec la Nature

Les romantiques voient dans la Nature un refuge, un miroir de l'âme. Elle est, pour Hugo, le lieu du bonheur, de la transparence entre l'âme humaine et l'Univers, où *« les buissons chuchot*[ent] *comme d'anciens amis »* (XII). Cette communion est particulièrement sensible dans les poèmes évoquant le passé, où « [t]*out chantait sous ces frais berceaux, / Ma famille avec la nature, / Mes enfants avec les oiseaux ! »* (IX). Hugo ressent la Nature comme compatissante et consolatrice dans le deuil : *« Que la source te pleure avec sa goutte d'eau ! »* (XVII). Si le désespoir a rendu, pour un temps, le poète insensible à sa beauté (XIII : *« je ne suis plus réjoui par les fleurs »*), c'est néanmoins à travers elle qu'il va trouver l'apaisement : *« je sens la paix de la grande nature / Qui m'entre dans le cœur »* (XV).

V – Un poète contemplatif et prophète

Pour les romantiques, tout artiste est un visionnaire, qui a pour vocation de déchiffrer l'invisible à travers le visible, pour donner à tous un accès à l'âme du monde.

Le « *contemplateur* »

Ainsi se nomme, à plusieurs reprises, Hugo dans *Les Contemplations* : il veut « [e]*xaminer en* [soi] *les vérités profondes / Et regarder les fleurs qui sont dans le gazon »* (XV) pour trouver un sens à sa destinée comme aux secrets de la Nature. Pour lui, comme pour beaucoup d'autres romantiques, l'Homme et l'Univers sont unis par de mystérieuses analogies, sur lesquelles s'interroge le poète : *« Chaque rayon d'en haut est-il un fil de l'ombre / Liant l'homme aux soleils ? »* (VIII).
La contemplation chez Hugo dépasse donc les limites du réel pour discerner, au-delà des apparences, la présence du divin : *« chercher* [...] / *À te voir au fond des étoiles, / Ô Dieu sombre d'un monde obscur »* (III). La mission du poète, *« incliné du côté du mystère »* (XIII), est de montrer les signes divins qui se cachent derrière les

UN TITRE À DOUBLE SENS
Le terme *« Contemplations »* désigne une profonde application du regard et de l'esprit à un objet réel ou intellectuel. Mais il prend aussi une dimension religieuse, voire mystique, qui remonte à son étymologie latine : « observation d'un espace du ciel pour y discerner les signes des dieux ».

plus simples réalités terrestres ; ainsi, le spectacle de ses enfants lisant ensemble la Bible lui dévoile-t-il un aspect du paradis : *« Il me semblait, à moi, rêveur, / Entendre chanter des louanges / Autour de nous, comme au Saint Lieu »* (VII).

➠ Le prophète

Le poète romantique n'est pas un rêveur passif, mais se veut une conscience prophétique au cœur du monde : il prend en compte la dimension historique du destin humain, dans la vision d'une humanité en marche vers Dieu, le salut ou le progrès. Il se sent donc investi d'une mission : *« Expliqu*[er] *la nature à l'homme qui l'ignore »* (XV), mais aussi *« *[g]*uider les foules décrépites / Vers les lueurs de l'horizon »* (III). Cependant, la mort de sa fille semble d'abord ruiner la confiance du poète dans un univers porteur de sens et de progrès et le conduit à des interrogations angoissées sur le destin de l'homme (VIII). Face à ce qui lui paraît révoltant, Hugo est tenté de renoncer définitivement à son rôle de guide éclairé et de messager d'espérance (III). Ce n'est qu'à la fin du livre IV qu'il pourra de nouveau *« songer à la beauté des cieux »* et redonner un sens à *« des choses inconnues / Où la douleur de l'homme entre comme élément »* (XV).

◗ « FONCTION DU POÈTE »
Dans ce poème extrait du recueil *Les Rayons et les Ombres*, Hugo voit le poète comme une sorte de mage visionnaire : *« Il est l'homme des utopies, / Les pieds ici, les yeux ailleurs. [...] / Peuples ! écoutez le poète ! / Écoutez le rêveur sacré ! / Dans votre nuit, sans lui complète, / Lui seul a le front éclairé. »*

VI – La liberté romantique

Les romantiques se sont battus pour la liberté sous toutes ses formes, qu'elle soit artistique, intellectuelle, politique… Ils veulent, en particulier, se libérer des carcans formels hérités du classicisme, qui bridaient l'écriture et l'inspiration poétiques. Cette exigence de modernité s'accompagne donc d'un renouvellement des genres et des formes littéraires, dont Hugo est un des plus grands promoteurs.

Liberté formelle

Ainsi, « *Pauca meæ* », malgré sa brièveté, se compose de poèmes de longueurs et de formes très diverses, des 12 vers de « *Demain, dès l'aube* » aux 40 strophes de « À Villequier ».

La même liberté se retrouve dans l'expression : elle atteint la majesté sublime de « *l'abîme vermeil, / Dans les profonds gouffres de joie* » (XVII), mais aussi le comique des « *affreux géants très-bêtes* » ou la spontanéité prosaïque du discours enfantin (IX : « *Conte-nous une histoire, dis !* »).

Liberté visionnaire

Le langage romantique s'ouvre aux libertés de l'imaginaire, au monde du surnaturel ou du rêve. Ainsi Hugo peut-il faire surgir, devant les yeux du lecteur, des visions cauchemardesques (XVI : « *Des mains aux doigts osseux sortaient des noirs grabats* ») ou paradisiaques (XVI : « *Un ange souriant portait la gerbe d'âmes* »). Par les images se crée un univers vivant, plein d'analogies entre l'animé et l'inanimé, entre le cosmique et le terrestre : « *Les étoiles volaient dans les branches des arbres / Comme un essaim d'oiseaux de feu* » (XII). Les métaphores, comme le « *Vautour fatalité* » (VIII) et le « *saphir sombre* » du ciel nocturne (X), expriment la puissance visionnaire du poète.

La force créatrice du langage fait, pour Hugo, de l'écriture un acte quasi divin : « *Car le mot, c'est le Verbe, et le Verbe, c'est Dieu* » (livre I, VIII).

VARIÉTÉ DES FORMES POÉTIQUES

Dans « *Pauca meæ* », on trouve des hexasyllabes (vers de 6 syllabes), des octosyllabes et des alexandrins ; certains poèmes sont d'un seul tenant (« *Mors* »), d'autres composés de strophes de 4, 5 ou 6 vers, au système complexe (« Charles Vacquerie »).

6 Thèmes et motifs principaux

LE TOMBEAU
Le « tombeau » est une forme poétique, existant depuis l'Antiquité, qui consiste à rendre hommage à une personne, souvent célèbre, récemment décédée. Le poème devient alors comme un « mémorial », perpétuant son souvenir.

PÉRIPHRASES
Léopoldine est célébrée par toutes sortes de périphrases : *« l'enfant de mon aurore, / et mon étoile du matin »* (VI) ; *« le doux astre de mes yeux »* (IX) ; *« tête chère et sacrée »* (XV) ; *« ma colombe »* (XVII)...

I – Le « tombeau » de Léopoldine

« Quelques vers pour la mienne »

« Pauca meæ » est habité par la figure de Léopoldine : au fil des poèmes sont évoqués sa naissance (XV), son enfance (V, VI, VII, IX), son mariage (II), puis sa mort (XVII). On peut remarquer que son nom n'est jamais prononcé : peut-être est-ce impossible pour le père, ou inutile puisque tous les poèmes sont remplis de sa présence ? Léopoldine est *« ma fille »*, *« mon enfant »*, ou tout simplement *« elle »*.

« Cet autre soi-même » (XV)

Victor Hugo montre toute la complicité entre lui et sa fille, qui lui apparaît comme une sorte de miroir : *« C'était le bonheur de ma vie / De voir ses yeux me regarder »* (III). Toute petite, elle semble avoir les mêmes goûts et les mêmes passions que lui : *« Elle aimait Dieu, les fleurs, les astres, les prés verts »* (V).

La figure de Léopoldine dépasse ainsi largement celle de l'enfant et tient plusieurs rôles auprès du poète : compagne de ses promenades et de ses méditations (VI), elle devient même sa *« fée »* (IX) et sa muse grâce à qui *« venaient* [ses] *plus doux vers »* (V).

Léopoldine unit en elle l'enfant et l'adulte, jouant le rôle de l'*« aïeule »* (VII) auprès de ses frères et de sa sœur, puis devenant l'épouse de Charles Vacquerie : *« Fille, épouse, ange, enfant, fais ton double devoir »* (II).

Cette ambiguïté culmine dans le poème *« Demain, dès l'aube… »* où le père s'adresse à elle comme à une amante.

➡ *« Doux ange aux candides pensées »* (VI)

L'image de l'ange est celle qui revient le plus fréquemment dans « *Pauca meæ* », où elle est traditionnellement associée à l'enfant, avec les connotations d'« innocence », de « douceur » ou de « gaieté ». Mais Victor Hugo enrichit le cliché en lui redonnant une dimension religieuse : si l'enfant permet déjà de *« voir s'ouvrir à son entrée / Une porte des cieux »* (XV), Léopoldine, au-delà de la mort, devient *« ange »*, *« étoile »*, *« esprit pur »* (XVII). Elle transforme l'horreur de la mort en une sorte de sublimation céleste : *« la morte au front pâle est comme un lys vivant »* (XVII).

II – *« Contempler Dieu »* (préface)

Dieu est présent dans beaucoup de poèmes du livre IV des *Contemplations* : Hugo s'adresse à Lui, L'interroge, L'invective, Le supplie ou L'adore...

➡ *« De l'énigme du berceau [...] à l'énigme du cercueil »* (préface)

Le livre IV est rempli d'une angoisse métaphysique : confronté à la mort, le poète s'interroge sur l'origine et la puissance du Mal, ainsi que sur le destin de l'Homme. L'être humain n'est-il qu'une marionnette entre les mains des deux principes antagonistes que sont le Bien et le Mal (VIII) ? La vie humaine n'est-elle qu'un *« bagne terrestre où ne s'ouvre aucune aile »* (XIII) ?

Plein de désespoir et de doutes, Victor Hugo se révolte contre la cruauté d'un *« Dieu jaloux »* (III), qui semble être à l'origine de la souffrance des hommes puisqu'Il *« permet de ces malheurs sans nom »* (IV). Dans cette perspective pessimiste, la mort de l'enfant innocente apparaît au poète comme la rançon ou le châtiment encouru pour sa tentative de contempler les mystères divins : *« Tu ne donnes point ces deux choses, / Le bonheur et la vérité »* (III).

LA RELIGION DE HUGO

Fils d'une déiste, Hugo se méfie de l'Église institutionnelle, mais croit en un Dieu Amour. À la fin de son testament, il écrit : *« Je refuse l'oraison de toutes les Églises, je demande une prière à toutes les âmes, je crois en Dieu. »*

MÉTAPHYSIQUE

La métaphysique touche à ce qui est « au-delà de la physique » (selon l'étymologie du mot) et ne peut être perçu par les sens, c'est-à-dire ce qui concerne Dieu, l'au-delà, le destin, le Mal...

VERS UN DIEU COMPATISSANT
Le *« Dieu jaloux »* et *« fatal maître »* du poème « Trois ans après » devient, à la fin, *« bon, clément, indulgent et doux »* (XV) ou *« père souriant »* (XVII).

De l'obscurité à la lumière

Cette contemplation désespérée se confronte d'abord au *« vaste et profond silence de la mort »* (XI), qui semble sans réponse. Mais, peu à peu, le poète tourne de nouveau son regard vers le Ciel et accède à une nouvelle compréhension du monde et de Dieu ; il *« cesse de maudire »* (XV), en acceptant la part de mystère qui demeure dans les desseins divins : *« Nous ne voyons jamais qu'un seul côté des choses »* (XV).
Si l'énigme de la mort demeure, le poète retrouve le chemin de l'espérance et de la foi : la nuit du tombeau, *« abîme obscur »* (X), s'ouvre alors sur *« les profonds gouffres de joie »* (XVII) de l'au-delà. Il conjure les macabres visions d'épouvante de la Faucheuse dans « *Mors* » (XVI) par l'image lumineuse d'une rédemption aux derniers vers : *« Derrière elle, le front baigné de douces flammes, / Un ange souriant portait la gerbe d'âmes. »*

« AU BORD DE L'INFINI »
Dans le livre VI, qui est celui des révélations religieuses et mystiques, Victor Hugo écrit : *« tout vit. Tout est plein d'âmes »* (VI, 26) ; *« Ne dites pas : mourir ; dites : naître »* (VI, 22).

« Le tombeau qui sur les morts se ferme / Ouvre le firmament » (XV)

Dès « *Pauca meæ* » et bien plus encore dans les livres V et VI des *Contemplations*, Victor Hugo affirme sa foi en un univers où animé et inanimé, vie et mort communiquent dans l'amour : pour lui, tout participe à la nature divine. Ainsi, dans le dernier poème de « *Pauca meæ* », dédié à Charles Vacquerie, peut-il écrire : *« la mort n'est pas un lourd sommeil »*. La disparition brutale du jeune homme est magnifiée par le sacrifice amoureux de celui qui est mort en essayant de sauver Léopoldine : *« le juste qui meurt semble un soleil levant »*. Leur amour trop tôt brisé sur la Terre, c'est dans l'au-delà que les deux époux l'accomplissent pleinement, *« dans l'éternel baiser de deux âmes que Dieu / Tout à coup change en deux étoiles »*.

7 Portfolio

LES TROIS ÉTAPES DE LECTURE D'UNE IMAGE FIXE

1. Je découvre

- De quel type d'image s'agit-il (tableau, photo, dessin, caricature, affiche...) ?
- Quelles sont mes premières impressions (émotions, perceptions, *a priori*...) ?

2. J'observe

- Qu'est-ce qui est représenté (au premier plan et au-delà) ?
- Qu'est-ce qui me semble important (sujet, composition, graphisme, couleurs, lumière, genre, symbolique...) ?

3. J'interprète

- L'image a-t-elle une fonction descriptive ou argumentative ?
- Que cherche à exprimer, à transmettre l'auteur par cette image ?

COMPOSITION DE L'IMAGE

1. Composition générale

- Cadrage : s'agit-il d'un plan large, d'un plan rapproché, d'un gros plan ?
- Construction des plans : premier plan, second plan, arrière-plan, profondeur, perspective.
- Point de vue adopté : frontal, en plongée, en contre-plongée ?

2. Axes et structure

- Lignes de force (en noir sur le document) : les intersections entre les lignes verticales et horizontales constituent les points forts de l'image, où sont souvent situés les motifs principaux ; ces lignes et ces points créent l'ossature de l'image et guident le regard.

- Lignes de fuite (exemples en gris sur le document) : lignes que suit le regard de l'observateur selon la perspective ; elles déterminent le point de fuite, qui peut se trouver à l'intérieur ou hors de l'image.
- Masses : comment s'organisent-elles (espace chargé ou aéré, équilibré ou déséquilibré...) ? quelle est la place des personnages ou des objets par rapport au décor ?

Victor Hugo, *Fracta juventus* ou *Le Burg à l'ange*

Dessin de Victor Hugo (15 x 23 cm), 1864, plume, encre et lavis, crayon, fusain, aquarelle, gouache. Paris, Maison Victor Hugo. Document 1 au verso de la couverture.

Victor Hugo dessine beaucoup à partir de 1830, en particulier dans ses carnets de voyage. Les années d'exil engendreront des dessins de plus en plus fantastiques, inspirés par son expérience du spiritisme (invocation des esprits des morts). Hugo expérimente toutes sortes de techniques où il donne libre cours à son imagination : mélanges d'encre, de gouache et de matériaux divers, pochoirs, papiers découpés, grattages…

➥ Je découvre

- **Un dessin anniversaire**

Ce dessin fut exécuté en 1864, pour le vingtième anniversaire de la mort de Léopoldine, et envoyé comme carte de vœux au romancier et dramaturge Paul Meurice, ami de Victor Hugo.

- **Des techniques et des matières mêlées**

Victor Hugo utilise plusieurs techniques et matières dans ce dessin : de l'encre, du fusain et de la gouache, à la plume, au crayon ou au pinceau. Le papier découpé lui a servi pour « réserver » l'ovale où apparaissent le portrait de sa fille Léopoldine et le titre du dessin : *Fracta juventus*, deux mots latins signifiant « Jeunesse brisée ».

➥ J'observe

- **La présence marquée de Léopoldine**

Le portrait de la jeune femme se détache nettement, dans un cadre ovale clair qui contraste avec le reste très sombre du dessin. Son image semble flotter dans l'air, comme une sorte d'apparition. Elle a les yeux clos, la tête légèrement penchée, comme renfermée en elle-même. Son front est surmonté d'une étoile.

Le papier découpé, avec ses bords noircis, peut aussi faire penser à un croquis en partie brûlé, à l'image de cette vie prématurément consumée.

- **Un décor fantastique**

Le reste du dessin contraste avec l'ovale au trait noir par son caractère très sombre marqué de taches de couleur beaucoup plus vives comme le rouge, le rose et le blanc. D'un fouillis de fleurs et de taches noires émerge un monument assez étrange avec une sorte de beffroi, qui peut faire penser à un clocher d'église, et une tour à l'architecture fantastique. Celle-ci ainsi que le second titre donné à ce dessin, où figure le mot allemand « *Burg* » (« château »), peuvent évoquer un autre dessin de Victor Hugo, *Le Burg à la croix*, où se mêlent, de la même façon, souvenirs des châteaux des rives du Rhin et vision imaginaire.

J'interprète

- **Le sens du titre**

La « Jeunesse brisée » est évidemment celle de Léopoldine : cette fracture est illustrée par le cadre ovale contenant le portrait de la jeune femme ; il est isolé du reste du tableau par la ligne sombre qui l'entoure, par sa clarté et par la sobriété des lignes noires qui constrate avec le fouillis qui le cerne. La mort est évoquée par le noir dominant la partie gauche du tableau, qui semble représenter une tombe couverte de fleurs. Le nom du poète allant du noir au rouge vif peut figurer la douleur cruelle de son deuil.

- **La transfiguration de Léopoldine**

La jeune femme apparaît comme au-delà de la mort, dans une sorte de transfiguration : le cadre ovale se retrouve d'ailleurs dans les dessins effectués lors des séances de spiritisme. L'étoile au-dessus de son front rappelle la métamorphose des deux époux défunts évoquée dans le dernier vers du dernier poème de « *Pauca meæ* » : « [...] *deux âmes que Dieu / Tout à coup change en deux étoiles !* » C'est ce que suggère aussi le second titre du dessin : *Le Burg à l'ange*. Léopoldine semble toujours vivante, malgré le noir du deuil et la pierre du tombeau ; elle vit dans les fleurs, mais aussi dans l'imagination et l'œuvre de son père, dont le nom occupe le bas du dessin.

Caspar David Friedrich,
Le Voyageur au-dessus de la mer de nuages

Der Wanderer über dem Nebelmeer,
huile sur toile (94,4 × 74,8 cm), vers 1817,
Kunsthalle de Hambourg.
Document 2 au verso de la couverture.

Caspar David Friedrich (1774-1840) est le chef de file de la peinture romantique allemande. Il est surtout connu pour ses paysages exaltant le sentiment romantique devant la grandeur et la majesté de la nature, qui prend alors une dimension religieuse.

Je découvre

• Un titre explicite

Le tableau représente un personnage vu de dos, les cheveux au vent, vêtu d'une redingote et portant un bâton de marche. Parvenu au sommet d'un promontoire rocheux, il découvre un vaste paysage en partie couvert par une brume nuageuse.

• Un paysage grandiose

Devant le voyageur se déploie un paysage immense et tourmenté : quelques crêtes rocheuses et quelques arbres émergent des nuages devant lui ❶. Tout au fond, un horizon grandiose de montagnes s'estompe de plus en plus dans la brume ❷.

J'observe

• La place et la fonction du personnage

Le voyageur est au centre du tableau, au premier plan ; toutes les lignes de force convergent vers lui (en particulier les deux lignes obliques du centre), et il se détache, par la couleur sombre de sa redingote, sur le fond très clair de l'ensemble. La perspective fait qu'il semble dominer le paysage, mais aussi se trouver face à un gouffre vertigineux soulignant sa petitesse face à l'immensité de la nature.
Il est vu en contre-plongée par rapport au regard du spectateur, et la position de sa jambe gauche suggère l'effort d'ascension qu'il vient de fournir.

Il est placé de dos – procédé fréquent dans les tableaux de Friedrich. Comme il n'a pas de visage, il n'est pas individualisé : tout spectateur peut s'identifier à lui et se mettre à sa place pour contempler le paysage en épousant son point de vue, comme en focalisation interne. Le paysage devient ainsi la projection du regard de celui qui le contemple, que ce soit le personnage ou le spectateur : c'est un « paysage-état-d'âme », reflet de l'intériorité de son observateur.

- **Les effets de contraste**

Contraste de lumière entre la masse sombre du premier plan (le rocher et le voyageur) et la clarté de l'horizon : ce dernier, marqué par la lumière et la blancheur, semble s'ouvrir sur un espace céleste.
Contraste entre la précision du premier plan et le flou du paysage dissimulé dans les nuages et la brume.
Contraste entre l'homme au premier plan et la nature vide de toute présence humaine : la forme triangulaire parfaite de la montagne ❷ dans le fond peut évoquer Dieu.
Contraste entre ce qui est derrière, dans l'ombre (le spectateur ou le passé), et ce qui est devant, dans la lumière (le spectacle de la nature ou l'avenir).

➠ J'interprète

- **Un personnage contemplateur et « voyant »**

Le voyageur semble s'interroger sur l'univers, sur la place de l'homme face à l'immensité de la nature, sur un monde spirituel objet de sa quête… C'est peut-être aussi un paysage intérieur qu'il contemple, l'abîme de sa propre existence. Ce personnage peut représenter l'artiste (peintre, musicien, poète…), le poète « prophète » cher à Victor Hugo qui se situe au-dessus du « peuple » et distingue, au-delà de l'horizon, un monde dont il cherche à déchiffrer les secrets.

- **Un personnage romantique**

Ce voyageur peut évoquer différentes facettes de l'être romantique :
– l'homme considéré comme un voyageur, toujours en quête de nouveauté, tentant de se dépasser lui-même ;
– l'homme recherchant l'élévation, l'idéal, l'évasion ;
– l'homme face à la nature dans laquelle il cherche un miroir de son âme passionnée et tourmentée et une réponse à ses interrogations sur l'être humain et Dieu ;
– l'individu se réfugiant dans la solitude, au-dessus de la médiocrité du quotidien, face à l'infini ;
– l'artiste qui veut dépasser, par son art, les limites de la connaissance rationnelle.

Les Parisiens défilent devant la maison de Victor Hugo, avenue d'Eylau, le 26 février 1882, pour son 80e anniversaire. Gravure de Daniel Vierge pour *Le Monde illustré*.

8 Prolongements

Si l'œuvre de Victor Hugo a profondément marqué son siècle, le nôtre s'en fait aussi l'écho : les expositions, les mises en scène, les adaptations cinématographiques et musicales montrent que l'art et le message de l'écrivain sont toujours vivants.

LES CONTEMPLATIONS AU CINÉMA

Éric Rohmer a réalisé, en 1966, *Victor Hugo : Les Contemplations*. Ce téléfilm de 20 minutes, dans la série « En profil dans le texte », est consacré aux livres V et VI, dont le réalisateur confronte certains poèmes aux vues de Jersey et de Guernesey et aux demeures de Victor Hugo.

EXPOSITION VIRTUELLE

La BNF propose, sur son site (expositions.bnf.fr), une exposition intitulée « Victor Hugo, l'homme océan ». À travers plus de 500 dessins et manuscrits, découvrez les différentes facettes de l'homme et de l'écrivain.

« Victor Hugo était, dès le principe, l'homme le mieux doué, le plus visiblement élu pour exprimer par la poésie ce que j'appellerai le mystère de la vie. »

Charles Baudelaire,
L'Art romantique, 1868.

L'ÉCRIVAIN DANS SES MURS

La Maison de Victor Hugo, place des Vosges à Paris (voir la photographie ci-dessous), présente, dans l'appartement de l'écrivain, de nombreux souvenirs et différentes expositions.

Sur le site www.maisonsvictorhugo.paris.fr, vous pourrez effectuer aussi une visite virtuelle de *Hauteville House*, la maison de Victor Hugo à Guernesey.

UN AUTRE DRAME DE SA VIE

Seconde fille du poète, née en 1830, six ans après Léopoldine, Adèle Hugo fut très marquée par la mort de sa sœur. Ayant le sentiment de ne pas être aimée de son père, elle se laissa submerger par une passion amoureuse non réciproque pour un officier anglais. Elle le poursuivit, sous un faux nom, en Amérique, puis aux Antilles, pour finalement sombrer dans la folie. Le réalisateur François Truffaut a raconté ce tragique épisode dans *L'Histoire d'Adèle H* (1975). Le film est bâti sur le journal intime et les lettres d'Adèle, incarnée de façon saisissante par Isabelle Adjani (qui n'avait que 19 ans au moment du tournage).

SUR LA TOILE

Le site www.victorhugo2002.culture.fr présente beaucoup de photos et de documents d'archives évoquant la vie et les œuvres de Victor Hugo, sa famille et ses proches, et les lieux qu'il a habités.

Victor Hugo par Prosper Mérimée.

CONSEILS de LECTURE

- Sophie Grossiord, *Victor Hugo : « Et s'il n'en reste qu'un… »*, coll. « Découvertes », Gallimard, 1998 : une biographie, abondamment illustrée, qui montre la place capitale de Victor Hugo dans son siècle et les aspects contrastés de sa personnalité.
- Isabelle Ansel-Lambert et Yves Ansel, *Le Romantisme*, Ellipses, 2002 : un ouvrage de synthèse très clair qui explique la place du romantisme dans l'histoire littéraire et propose une approche des principaux thèmes, formes et genres romantiques.
- Maylis de Kérangal, *Réparer les vivants*, coll. « Folio », Gallimard, 2014 : un roman qui aborde, à travers la thématique contemporaine du don d'organes, la perte de son enfant et, d'une certaine manière, sa survivance.

Dossier spécial BAC

1) Sujets d'écrit

2) Sujets d'oral

SUJET 1

Texte A : Joachim Du Bellay, Sonnet XXXVI *(Les Regrets)*

Le recueil *Les Regrets* est écrit pendant un séjour de quatre ans à Rome où Joachim Du Bellay souffre profondément du mal du pays.

Depuis que j'ai laissé mon naturel séjour
Pour venir où le Tibre[1] aux flots tortus[2] ondoie,
Le ciel a vu trois fois par son oblique voie
Recommencer son cours la grand[3] lampe du jour.

Mais j'ai si grand désir de me voir de retour
Que ces trois ans me sont plus qu'un siège de Troie[4],
Tant me tarde, Morel[5], que Paris je revoie,
Et tant le ciel pour moi fait lentement son tour.

Il fait son tour si lent, et me semble si morne,
Si morne et si pesant, que le froid Capricorne[6]
Ne m'accourcit les jours, ni le Cancre[7] les nuits.

Voilà, mon cher Morel, combien le temps me dure
Loin de France et de toi, et comment la nature
Fait toute chose longue avecques[8] mes ennuis.

Joachim Du Bellay, *Les Regrets*, Sonnet XXXVI, 1558.

1. **Tibre :** fleuve de Rome. 2. **tortus :** sinueux. 3. **grand :** mis pour « grande » ; *« la grand lampe du jour »* désigne le Soleil. 4. Le siège de Troie dura dix ans. 5. **Morel :** ami de Du Bellay, qui fut aussi l'éditeur des *Regrets*. 6. **Capricorne :** signe zodiacal qui couvre la période du 21 décembre au 20 janvier, moment de l'année où les jours sont les plus courts. 7. **Cancre :** autre nom du Cancer, signe zodiacal qui couvre la période du 21 juin au 23 juillet, moment de l'année où les nuits sont les plus courtes. 8. **avecques :** avec.

Texte B : Alphonse de Lamartine, « L'Isolement » *(Méditations poétiques)*

Alphonse de Lamartine écrit le recueil des *Méditations poétiques* à l'âge de 30 ans, après la mort de la femme qu'il aimait. « L'Isolement » constitue la première méditation du recueil.

L'Isolement

[...]

Que me font ces vallons, ces palais, ces chaumières,
Vains objets dont pour moi le charme est envolé ?
Fleuves, rochers, forêts, solitudes si chères,
Un seul être vous manque, et tout est dépeuplé !

Que le tour du soleil ou commence ou s'achève,
D'un œil indifférent je le suis dans son cours ;
En un ciel sombre ou pur qu'il se couche ou se lève,
Qu'importe le soleil ? je n'attends rien des jours.

Quand je pourrais le suivre en sa vaste carrière[1],
Mes yeux verraient partout le vide et les déserts :
Je ne désire rien de tout ce qu'il éclaire ;
Je ne demande rien à l'immense univers.

Mais peut-être au-delà des bornes de sa sphère,
Lieux où le vrai soleil éclaire d'autres cieux,
Si je pouvais laisser ma dépouille à la terre,
Ce que j'ai tant rêvé paraîtrait à mes yeux.

Là, je m'enivrerais à la source où j'aspire ;
Là, je retrouverais et l'espoir et l'amour,
Et ce bien idéal que toute âme désire,
Et qui n'a pas de nom au terrestre séjour !

Que ne puis-je, porté sur le char de l'Aurore,
Vague objet de mes vœux, m'élancer jusqu'à toi !

Sur la terre d'exil pourquoi resté-je encore?
Il n'est rien de commun entre la terre et moi.

Quand la feuille des bois tombe dans la prairie,
Le vent du soir s'élève et l'arrache aux vallons;
Et moi, je suis semblable à la feuille flétrie :
Emportez-moi comme elle, orageux aquilons[2]!

Alphonse de Lamartine, extrait de «L'Isolement»,
Méditations poétiques, 1820.

1. carrière : course. **2. aquilons :** vents violents.

Texte C : Victor Hugo, « À celle qui est restée en France » *(Les Contemplations)*

« À celle qui est restée en France » est le dernier poème des *Contemplations*. Il est composé de 8 sections. Le poète, en exil à Guernesey, y fait l'offrande de son recueil à sa fille Léopoldine, enterrée en France, à Villequier.

Des fleurs! oh! si j'avais des fleurs! si je pouvais
Aller semer des lys sur ces deux froids chevets[1]!
Si je pouvais couvrir de fleurs mon ange pâle!
Les fleurs sont l'or, l'azur, l'émeraude, l'opale[2]!
Le cercueil au milieu des fleurs veut se coucher;
Les fleurs aiment la mort, et Dieu les fait toucher
Par leur racine aux os, par leur parfum aux âmes!
Puisque je ne le puis, aux lieux que nous aimâmes,
Puisque Dieu ne veut pas nous laisser revenir,
Puisqu'il nous fait lâcher ce qu'on croyait tenir,
Puisque le froid destin, dans ma geôle profonde,
Sur la première porte en scelle une seconde[3],
Et, sur le père triste et sur l'enfant qui dort,
Ferme l'exil après avoir fermé la mort,
Puisqu'il est impossible à présent que je jette
Même un brin de bruyère à sa fosse muette,
C'est bien le moins qu'elle ait mon âme, n'est-ce pas?
Ô vent noir dont j'entends sur mon plafond le pas!

Tempête, hiver, qui bats ma vitre de ta grêle !
Mers, nuits ! et je l'ai mise en ce livre pour elle !
[…]

Guernesey, 2 novembre 1855, jour des Morts.

Victor Hugo, extrait de « À celle qui est restée en France », *Les Contemplations*, 1856.

1. chevets : bords du lit ou, ici, de la tombe. Victor Hugo évoque celle de Léopoldine et de son mari, Charles Vacquerie, mort en même temps qu'elle. **2. opale :** pierre précieuse, d'un blanc laiteux. **3.** Victor Hugo évoque l'exil qui l'empêche de revenir en France sur la tombe de sa fille.

Texte D : Guillaume Apollinaire, « Faction »

Engagé volontaire pendant la Première Guerre mondiale, Apollinaire est affecté à Nîmes et entretient une correspondance avec Louise de Coligny qu'il a rencontrée en 1914. Une partie de ces lettres seront publiées en 1947 sous le titre *Ombres de mon amour,* puis en 1959 sous le titre *Poèmes à Lou*. Le poème « Faction » figurait dans une lettre datée du 25 mars 1915.

Je pense à toi ma Lou pendant la faction[1]
J'ai ton regard là-haut en clignement d'étoiles
Tout le ciel c'est ton corps chère conception
De mon désir majeur qu'attisent les rafales
Autour de ce soldat en méditation

Amour vous ne savez ce que c'est que l'absence
Et vous ne savez pas que l'on s'en sent mourir
Chaque heure infiniment augmente la souffrance
Et quand finit le jour on commence à souffrir
Et quand la nuit revient la peine recommence

J'espère dans le Souvenir ô mon Amour
Il rajeunit il embellit lorsqu'il s'efface
Vous vieillirez Amour vous vieillirez un jour
Le Souvenir au loin sonne du cor de chasse
Ô lente lente nuit ô mon fusil si lourd

Guillaume Apollinaire, « Faction », *Poèmes à Lou*, Gallimard, 1955.

1. faction : garde.

Sujets du bac

➥ Question

Après avoir identifié, dans chaque texte, de quel manque souffre le poète, vous montrerez comment il exprime la douleur de l'absence.

➥ Commentaire

Vous ferez le commentaire du poème d'Alphonse de Lamartine (texte B).

➥ Dissertation

« Quand je vous parle de moi, je vous parle de vous. » Cette phrase de Victor Hugo, tirée de la préface des *Contemplations*, vous paraît-elle une bonne illustration des intentions, de la portée et des procédés de la poésie lyrique ?

Pour répondre à cette question dans un développement organisé, vous vous appuierez sur les textes du corpus, sur ceux que vous avez étudiés en cours et sur vos connaissances personnelles.

➥ Sujet d'invention

Vous êtes responsable de la rubrique « Poésie » du journal de votre lycée ; vous avez choisi de publier des poèmes lyriques, et notamment les textes de ce corpus, dans votre premier numéro. Pour défendre votre choix, vous écrivez un article ayant pour titre la formule de Victor Hugo : *« Quand je vous parle de moi, je vous parle de vous. »*

Sujet 2

Texte A : Victor Hugo, *« Quand nous habitions tous ensemble » (Les Contemplations)*

VI

Quand nous habitions tous ensemble
Sur nos collines d'autrefois[1],
Où l'eau court, où le buisson tremble,
Dans la maison qui touche aux bois,

Elle avait dix ans, et moi trente ;
J'étais pour elle l'univers.
Oh ! comme l'herbe est odorante
Sous les arbres profonds et verts !

Elle faisait mon sort prospère[2],
Mon travail léger, mon ciel bleu.
Lorsqu'elle me disait : Mon père,
Tout mon cœur s'écriait : Mon Dieu !

À travers mes songes sans nombre,
J'écoutais son parler joyeux,
Et mon front s'éclairait dans l'ombre
À la lumière de ses yeux.

Elle avait l'air d'une princesse
Quand je la tenais par la main ;
Elle cherchait des fleurs sans cesse
Et des pauvres dans le chemin.

Elle donnait comme on dérobe,
En se cachant aux yeux de tous.
Oh ! la belle petite robe
Qu'elle avait, vous rappelez-vous ?

Le soir, auprès de ma bougie,
Elle jasait[3] à petit bruit,
Tandis qu'à la vitre rougie
Heurtaient les papillons de nuit.

Les anges se miraient[4] en elle.
Que son bonjour était charmant !
Le ciel mettait dans sa prunelle[5]
Ce regard qui jamais ne ment.

Oh ! je l'avais, si jeune encore,
Vue apparaître en mon destin !
C'était l'enfant de mon aurore,
Et mon étoile du matin !

Quand la lune claire et sereine
Brillait aux cieux, dans ces beaux mois,
Comme nous allions dans la plaine !
Comme nous courions dans les bois !

Puis, vers la lumière isolée
Étoilant[6] le logis obscur,
Nous revenions par la vallée
En tournant le coin du vieux mur ;

Nous revenions, cœurs pleins de flamme,
En parlant des splendeurs du ciel.
Je composais cette jeune âme
Comme l'abeille fait son miel.

Doux ange aux candides pensées,
Elle était gaie en arrivant... –
Toutes ces choses sont passées
Comme l'ombre et comme le vent !

Villequier, 4 septembre 1844.

Victor Hugo, *« Quand nous habitions tous ensemble »*,
Les Contemplations (livre IV, VI),1856.

1. Il s'agit du château des Roches, à Bièvres dans l'Essonne, où Victor Hugo séjourna avec sa famille en 1834 et 1835. **2. prospère :** heureux. **3. jasait :** bavardait. **4. se miraient :** se regardaient comme dans un miroir. **5. sa prunelle :** son œil. **6. Étoilant :** éclairant comme une étoile.

Texte B : Paul Verlaine, « Après trois ans » *(Poèmes saturniens)*

Après trois ans

Ayant poussé la porte étroite qui chancelle,
Je me suis promené dans le petit jardin
Qu'éclairait doucement le soleil du matin,
Pailletant chaque fleur d'une humide étincelle.

Rien n'a changé. J'ai tout revu : l'humble tonnelle[1]
De vigne folle avec les chaises de rotin[2]…
Le jet d'eau fait toujours son murmure argentin
Et le vieux tremble[3] sa plainte sempiternelle.

Les roses comme avant palpitent ; comme avant,
Les grands lys orgueilleux se balancent au vent.
Chaque alouette qui va et vient m'est connue.

Même j'ai retrouvé debout la Velléda[4]
Dont le plâtre s'écaille au bout de l'avenue,
– Grêle, parmi l'odeur fade du réséda[5].

Paul Verlaine, « Après trois ans » (« *Melancholia* », III),
Poèmes saturniens, 1866.

1. tonnelle : construction en treillage sur laquelle on fait courir une plante grimpante. **2. rotin :** osier. **3. tremble :** arbre ressemblant au peuplier, dont la feuille légère s'agite au moindre vent. **4. la Velléda :** statue de Velléda, prophétesse germanique du Ier siècle de notre ère, qui inspira beaucoup de sculpteurs romantiques. **5. réséda :** arbuste à fleurs parfumées.

Texte C : Jules Supervielle, « San Bernardino » *(Débarcadères)*

Jules Supervielle (1884-1960) est un auteur français né à Montevideo, en Uruguay, où il passa son enfance jusqu'à l'âge de 10 ans. Il y revint fréquemment tout au long de sa vie.

San Bernardino

Que j'enferme en ma mémoire,
Ma mémoire et mon amour,
Le parfum féminin des courbes colonies,
Cet enfant nu-fleuri dans la mantille[1] noire
De sa mère passant sous la conque[2] du jour,
Ces plantes à l'envi[3], et ces feuilles qui plient,
Ces verts mouvants, ces rouges frais,
Ces oiseaux inespérés,
Et ces boules d'harmonies,
J'en aurai besoin un jour.

J'aurai besoin de vous, souvenirs que je veux
Modelés dans le lisse honneur des cieux heureux,
Vous me visiterez, secourables audaces,
Azur vivace d'un espace
Où chaque arbre se hisse au dénouement des palmes
À la recherche de son âme,
Où la fleur mouille[4] en l'infini
De la couleur et du parfum qu'elle a choisis,
Où je suis arrivé plein d'Europe et d'escales
Ayant toujours appareillé[5],

Et, sous le chuchotis[6] de ces heures égales,
Du fard des jours errants je me suis dépouillé.

Jules Supervielle, « San Bernardino », *Débarcadères*, Gallimard, 1922.

1. **mantille** : longue écharpe en dentelle dont les Espagnoles se couvrent la tête et les épaules. 2. **conque** : grande coquille. 3. **à l'envi** : qui rivalisent, qui poussent à qui mieux mieux. 4. **mouille** : jette l'ancre. 5. **appareillé** : levé l'ancre. 6. **chuchotis** : chuchotement.

Sujets du bac

➡ Question

Comment les trois poètes font-ils revivre les lieux qu'ils ont aimés ?

➡ Commentaire

Vous ferez le commentaire du texte de Paul Verlaine (texte B).

➡ Dissertation

Dans quelle mesure peut-on dire que la poésie est un genre littéraire particulièrement adapté à l'expression et au partage d'émotions personnelles ?
Pour répondre à cette question dans un développement organisé, vous vous appuierez sur les textes du corpus, ceux que vous avez lus en cours et vos connaissances personnelles.

➡ Sujet d'invention

Vous revenez dans un lieu qui a beaucoup compté pour vous : vous décidez, à l'occasion d'un concours d'écriture, d'évoquer ce lieu dans un texte poétique qui ne sera pas nécessairement versifié. Votre texte s'appuiera sur des procédés poétiques : images, effets de rythmes et de sonorités, figures de construction, etc.

Victor Hugo sur le rocher des proscrits à Jersey (été 1853).

SUJET 1

TEXTE : « Trois ans après » (v. 81 à 128, pp. 21 à 23)

Maintenant, je veux qu'on me laisse !
J'ai fini ! le sort est vainqueur.
Que vient-on rallumer sans cesse
Dans l'ombre qui m'emplit le cœur ?

Vous qui me parlez, vous me dites
Qu'il faut, rappelant ma raison,
Guider les foules décrépites
Vers les lueurs de l'horizon ;

Qu'à l'heure où les peuples se lèvent
Tout penseur suit un but profond ;
Qu'il se doit à tous ceux qui rêvent,
Qu'il se doit à tous ceux qui vont !

Qu'une âme, qu'un feu pur anime,
Doit hâter, avec sa clarté,
L'épanouissement sublime
De la future humanité ;

Qu'il faut prendre part, cœurs fidèles,
Sans redouter les océans,
Aux fêtes des choses nouvelles,
Aux combats des esprits géants !

Vous voyez des pleurs sur ma joue,
Et vous m'abordez mécontents,
Comme par le bras on secoue
Un homme qui dort trop longtemps.

Mais songez à ce que vous faites !
Hélas ! cet ange au front si beau,
Quand vous m'appelez à vos fêtes,
Peut-être a froid dans son tombeau.

Peut-être, livide et pâlie,
Dit-elle dans son lit étroit :
« Est-ce que mon père m'oublie
Et n'est plus là, que j'ai si froid ? »

Quoi ! lorsqu'à peine je résiste
Aux choses dont je me souviens,
Quand je suis brisé, las et triste,
Quand je l'entends qui me dit : « Viens ! »

Quoi ! vous voulez que je souhaite,
Moi, plié par un coup soudain,
La rumeur qui suit le poëte,
Le bruit que fait le paladin !

Vous voulez que j'aspire encore
Aux triomphes doux et dorés !
Que j'annonce aux dormeurs l'aurore !
Que je crie : « Allez ! espérez ! »

Vous voulez que, dans la mêlée,
Je rentre ardent parmi les forts,
Les yeux à la voûte étoilée... –
Oh ! l'herbe épaisse où sont les morts !

I – Première partie de l'épreuve

Lecture à voix haute

À QUEL MOMENT LIRE ?

- Le texte peut être lu en tout début d'exposé ou à la fin de l'introduction. Vous pouvez aussi le lire au milieu de votre introduction, juste après sa présentation et sa situation, avant d'évoquer la question posée et le plan de votre exposé.

- Attention à bien respecter les 8 syllabes de l'octosyllabe !
- N'oubliez pas que tout e muet suivi d'une consonne se prononce *(« Dans l'ombre qui »)*. Le e en fin de vers ou suivi d'une autre voyelle ne se prononce pas.
- N'oubliez pas non plus les diérèses (fait de prononcer en 2 syllabes 2 voyelles qui se suivent) : *« les lu-eurs »*, *« L'épanou-issement »*.

Exposé

Comment s'exprime, ici, le combat intérieur entre l'homme et le poète ?

BÂTIR UN PLAN EN RÉPONSE À LA QUESTION

- La question est bâtie sur une opposition : l'homme / le poète. Cette opposition peut donc constituer les deux parties de votre plan. L'intitulé de la question (« Comment s'exprime… ») vous invite à analyser précisément les choix et les procédés poétiques de l'auteur.

Introduction

- Présentation rapide de Victor Hugo et de « *Pauca meæ* ».
- Situation du passage dans « *Pauca meæ* » : premier poème écrit après la mort de Léopoldine, reprise de la parole poétique après le silence du deuil.
- Rappel de la question posée.
- Annonce et justification du plan choisi pour répondre à la question.

1. La mission du poète romantique…

A. Elle est prônée par les interlocuteurs fictifs (*« Vous voulez »*, *« il faut »*…).

B. Le poète est un « voyant », ouvert sur l'avenir (champs lexicaux de la pensée, de la lumière, du progrès).

C. Le poète comme guide du peuple, inséré dans la société.

Conclusion/transition : Victor Hugo évoque la mission du poète telle qu'elle est conçue par les romantiques et telle qu'il l'a assumée lui-même. Mais son deuil est trop récent, et son désespoir lui fait remettre en question et refuser cette mission.

2. … refusée par un homme en deuil

A. Refus visible dans le plan du texte.
B. Le poète exprime, avant tout, sa douleur et son désespoir.
C. Refus de la mission exprimé par des oppositions (lumière/ombre, espoir/désespoir, éveil/sommeil, futur/passé).

Conclusion

- Bilan de ce qui a été étudié.
- Suggestions pour élargir la conclusion : dans ce poème, Victor Hugo est accablé par la douleur et le désespoir, mais à travers le livre IV s'exprime une évolution vers un certain apaisement; Victor Hugo évoque ici une dimension universelle de la poésie qu'il développe dans sa préface et qui se manifeste dans son lyrisme.

II – Seconde partie de l'épreuve

CONSEILS POUR L'ENTRETIEN

- Avant de se tourner vers le travail effectué dans la séquence sur l'œuvre complète et vers l'objet d'étude (« Poésie et quête de sens »), l'examinateur peut revenir brièvement sur quelques points de l'exposé. Par conséquent, n'avancez pas une idée que vous ne seriez pas en mesure d'approfondir.

Quelques questions possibles à partir de l'exposé

- Ce poème s'intitule « Trois ans après » : quelle est l'importance de la chronologie dans « *Pauca meæ* » ?
- Comment Victor Hugo date-t-il ses poèmes ?
- Vous avez parlé de l'évolution des sentiments du poète : comment se manifeste-t-elle dans « *Pauca meæ* » ?
- Vous avez évoqué la dimension universelle du lyrisme de Victor Hugo : comment se réalise-t-elle dans « *Pauca meæ* » ?

Autres questions possibles au fil de l'entretien

- Sous quelles figures Victor Hugo se met-il en scène dans « *Pauca meæ* » ?
- Comment s'expriment le deuil et la souffrance du poète dans « *Pauca meæ* » ?
- Quels sont les principaux registres du livre IV ?
- En quoi peut-on dire que « *Pauca meæ* » est une œuvre autobiographique ?
- En quoi Victor Hugo est-il un écrivain romantique ?

SUJET 2

TEXTE : « Charles Vacquerie » (v. 79 à 126, pp. 70 à 72)

Ou plutôt, car la mort n'est pas un lourd sommeil,
Envolez-vous tous deux dans l'abîme vermeil,
Dans les profonds gouffres de joie,
Où le juste qui meurt semble un soleil levant,
Où la morte au front pâle est comme un lys vivant,
Où l'ange frissonnant flamboie !

Fuyez, mes doux oiseaux ! évadez-vous tous deux
Loin de notre nuit froide et loin du mal hideux !
Franchissez l'éther d'un coup d'aile !
Volez loin de ce monde, âpre hiver sans clarté,
Vers cette radieuse et bleue éternité,
Dont l'âme humaine est l'hirondelle !

Ô chers êtres absents, on ne vous verra plus
Marcher au vert penchant des coteaux chevelus,
Disant tout bas de douces choses !
Dans le mois des chansons, des nids et des lilas,
Vous n'irez plus semant des sourires, hélas !
Vous n'irez plus cueillant des roses !

On ne vous verra plus, dans ces sentiers joyeux,
Errer, et, comme si vous évitiez les yeux
De l'horizon vaste et superbe,
Chercher l'obscur asile et le taillis profond
Où passent des rayons qui tremblent et qui font
Des taches de soleil sur l'herbe !

Villequier, Caudebec, et tous ces frais vallons,
Ne vous entendront plus vous écrier : « Allons,
Le vent est bon, la Seine est belle ! »
Comme ces lieux charmants vont être pleins d'ennui !

Les hardis goëlands ne diront plus : C'est lui !
Les fleurs ne diront plus : C'est elle !

Dieu, qui ferme la vie et rouvre l'idéal,
Fait flotter à jamais votre lit nuptial
Sous le grand dôme aux clairs pilastres ;
En vous prenant la terre, il vous prit les douleurs ;
Ce père souriant, pour les champs pleins de fleurs,
Vous donne les cieux remplis d'astres !

Allez des esprits purs accroître la tribu.
De cette coupe amère où vous n'avez pas bu,
Hélas ! nous viderons le reste.
Pendant que nous pleurons, de sanglots abreuvés,
Vous, heureux, enivrés de vous-mêmes, vivez
Dans l'éblouissement céleste !

Vivez ! aimez ! ayez les bonheurs infinis.
Oh ! les anges pensifs, bénissant et bénis,
Savent seuls, sous les sacrés voiles,
Ce qu'il entre d'extase, et d'ombre, et de ciel bleu,
Dans l'éternel baiser de deux âmes que Dieu
Tout à coup change en deux étoiles !

Jersey, 4 septembre 1852.

I – Première partie de l'épreuve

Lecture à voix haute

- Respectez l'alternance des alexandrins et des octosyllabes.
- Respectez la ponctuation : certaines phrases sont longues et forment des enjambements d'un vers à l'autre ; vous ne devez donc pas vous arrêter en fin de vers mais conserver la fluidité de la phrase (ex. : *« on ne vous verra plus / Marcher »*).
- Attention au *h* non aspiré qui ne compte pas pour une consonne (ex. : *« âpr*[e] *hiver »*) !
- Faites sentir, dans votre lecture, les différentes « voix » qui s'expriment : voix du poète, des deux jeunes gens, des éléments de la nature.

Exposé

Quelles visions de la mort Victor Hugo présente-t-il dans cet extrait ?

BÂTIR UN PLAN EN RÉPONSE À LA QUESTION

- Le pluriel (« Quelles visions ») demande de repérer les différentes conceptions de la mort présentes dans le texte – ce qui pourra constituer le plan. Même si la question est thématique, vous devez absolument vous appuyer sur les procédés poétiques qui permettent au poète d'exprimer ses idées.

Introduction

- Présentation rapide de l'auteur et de l'œuvre.
- Situation du passage dans « *Pauca meæ* » : présentation de Charles Vacquerie; dernières strophes du dernier poème, qui représente l'aboutissement de l'évolution du poète.
- Rappel de la question posée.
- Annonce et justification du plan choisi pour répondre à la question.

1. La mort comme séparation

A. Expression élégiaque du regret (absence des morts, passé évanoui).
B. Les morts sont libérés de la vie terrestre (image de l'oiseau et de l'envol).

Conclusion/transition : si la mort est vue comme une séparation toujours douloureuse pour les vivants, Victor Hugo la présente aussi comme l'ouverture à une nouvelle vie.

2. La mort comme apothéose

A. Image sublimée du monde de l'au-delà, ouvert sur la lumière et sur l'éternité.
B. Sublimation des morts, qui se transforment en anges, en étoiles, et dont l'amour s'accomplit.

Conclusion

- Bilan de ce qui a été étudié.
- Suggestions pour élargir la conclusion : ce poème rejoint la mission du poète telle que la voit Victor Hugo, comme contemplateur du mystère de la vie et de la mort; ce dernier poème du livre IV ouvre sur la suite des *Contemplations* où le poète reprend sa mission (« En marche ») et se penche « Au bord de l'infini ».

II – Seconde partie de l'épreuve

Quelques questions possibles à partir de l'exposé

- Vous avez dit que ce poème était l'aboutissement d'une évolution chez Hugo : comment s'exprime cette évolution dans « *Pauca meæ* » ?
- Vous avez évoqué la mission du poète pour Hugo : en quoi consiste-t-elle ? comment est-elle illustrée dans « *Pauca meæ* » ?
- La conception de la mort qui s'exprime dans ce poème se retrouve-t-elle dans d'autres poèmes de « *Pauca meæ* » ?

Autres questions possibles au fil de l'entretien

- Quelles différentes conceptions de la mort Victor Hugo montre-t-il dans « *Pauca meæ* » ?
- Dans le début de ce poème, comment Victor Hugo rend-il hommage à Charles Vacquerie ? Dans quel autre poème ce personnage intervient-il ? Quels sont les points communs de cette évocation ?
- Quels autres poèmes de « *Pauca meæ* » ont une dimension métaphysique ? Quelles conceptions du monde et de l'homme Victor Hugo y développe-t-il ?
- Quels souvenirs heureux sont évoqués dans « *Pauca meæ* » ?
- Ce poème présente un système de strophes assez complexe : quelle utilisation de la versification Victor Hugo fait-il dans « *Pauca meæ* » ?
- Comment Léopoldine apparaît-elle dans « *Pauca meæ* » ? Comment le poète évoque-t-il les relations avec sa fille ?
- En quoi « *Pauca meæ* » est-il une œuvre lyrique ?

Crédits photographiques

couverture : Sir John Everett Millais (1829-1896), *Ophelia* (détail), vers 1851-1852, huile sur toile, Londres, Tate Collection, © photo Tate, Londres, distr. RMN-Grand Palais/Tate Photography. **pp. 4, 6, 8, 10 :** © photos Photothèque Hachette. **pp. 9, 13 :** « Léopoldine lisant », portrait aux deux crayons réalisé par Adèle Hugo, sa mère, © photo Photothèque Hachette. **p. 11 :** « Dolmen où m'a parlé la bouche d'ombre », dessin de Victor Hugo, plume et lavis, © photo Photothèque Hachette. **p. 25 :** © photo Photothèque Hachette. **pp. 30, 55, 98 :** © photo RMN-Grand Palais/Agence Bulloz. **p. 34 :** © photo Photothèque Hachette. **p. 50 :** *(gauche)* © photo Photothèque Hachette, *(droite)* © photo BPK, Berlin – distr. RMN-Grand Palais/Elke Walford. **p. 52 :** © photo Photothèque Hachette. **pp. 64, 100 :** © photo BPK, Berlin – distr. RMN-Grand Palais/Elke Walford. **pp. 66, 72, 76, 80, 97, 102, 103, 104, 116, 128 :** © photos Photothèque Hachette.

Conception graphique
Couverture : Mélissa Chalot
Intérieur : GRAPH'in-folio

Édition
Fabrice Pinel

Mise en pages
APS

Dans la même collection :

Achevé d'imprimer en Italie par Rotolito Lombarda
Dépôt légal : Avril 2017 - Edition 02
71/6269/5

Victor Hugo sur la grève d'Azette, à Jersey, vers 1853.
Photographie de son fils Charles Hugo.